編者的話

　　「學科能力測驗」是「指定科目考試」的前哨站，雖然難度較「指考」低，但是考試內容以及成績，仍然非常具有參考價值，而且「學測」考得好的同學，還可以甄選入學的方式，比別人早一步進入理想的大學，提前放暑假。

　　學習出版公司以最迅速的腳步，在一個禮拜內，出版106年學科能力測驗各科詳解，展現出最驚人的效率。本書包含 106 年度「學測」各科試題：英文、數學、社會、自然和國文，做成**「106年學科能力測驗各科試題詳解」**，書後並附有大考中心所公佈的各科選擇題答案。另外，在英文科詳解後面，還附上了英文試題修正意見及英文考科選文出處，讀者可利用空檔時間，上網瀏覽那些網站，增進自己的課外知識，並了解出題方向。

　　這本書的完成，要感謝各科名師全力協助解題：

英文 / 謝靜芳老師・蔡琇瑩老師・李冠勳老師
　　　葉哲榮老師・謝沛叡老師・藍郁婷老師
　　　美籍老師 Laura E. Stewart
　　　　　　　　Christain A. Brieske

數學 / 吳　俅老師

社會 / 劉成霖老師・洪　浩老師・羅　文老師

國文 / 李雅清老師

自然 / 陳　毅老師・劉　鳴老師・洪　碁老師
　　　詹宗岳老師

　　本書編校製作過程嚴謹，但仍恐有缺失之處，尚祈各界先進不吝指正。

劉　毅

CONTENTS

106 年大學入學學科能力測驗試題
英文考科

第壹部分：單選題（占 72 分）

一、詞彙題（占 15 分）

說明： 第 1 題至第 15 題，每題有 4 個選項，其中只有一個是正確或最適當的選項，請畫記在答案卡之「選擇題答案區」。各題答對者，得 1 分；答錯、未作答或畫記多於一個選項者，該題以零分計算。

1. John's clock is not functioning _____. The alarm rings even when it's not set to go off.
   (A) tenderly　　(B) properly　　(C) solidly　　(D) favorably

2. Michael has decided to _____ a career in physics and has set his mind on becoming a professor.
   (A) pursue　　(B) swear　　(C) reserve　　(D) draft

3. Peter plans to hike in a _____ part of Africa, where he might not meet another human being for days.
   (A) native　　(B) tricky　　(C) remote　　(D) vacant

4. People in this community tend to _____ with the group they belong to, and often put group interests before personal ones.
   (A) appoint　　(B) eliminate　　(C) occupy　　(D) identify

5. I mistook the man for a well-known actor and asked for his autograph; it was really _____.
   (A) relaxing　　(B) embarrassing　(C) appealing　　(D) defending

6. After spending most of her salary on rent and food, Amelia _____ had any money left for entertainment and other expenses.
   (A) barely　　(B) fairly　　(C) merely　　(D) readily

7. In the Bermuda Triangle, a region in the western part of the North Atlantic Ocean, some airplanes and ships were reported to have mysteriously disappeared without a _____.
   (A) guide　　(B) trace　　(C) code　　(D) print

8. Shouting greetings and waving a big sign, Tony _____ the passing shoppers to visit his shop and buy the freshly baked bread.
 (A) accessed　　(B) edited　　(C) imposed　　(D) urged

9. With a continuous 3 km stretch of golden sand, the beach attracts artists around the world each summer to create amazing _____ with its fine soft sand.
 (A) constitutions　(B) objections　(C) sculptures　(D) adventures

10. The clouds parted and a _____ of light fell on the church, through the windows, and onto the floor.
 (A) dip　　(B) beam　　(C) spark　　(D) path

11. Instead of a gift, Tim's grandmother always _____ some money in the birthday card she gave him.
 (A) enclosed　　(B) installed　　(C) preserved　　(D) rewarded

12. While winning a gold _____ is what every Olympic athlete dreams of, it becomes meaningless if it is achieved by cheating.
 (A) signal　　(B) glory　　(C) medal　　(D) profit

13. The thief went into the apartment building and stole some jewelry. He then _____ himself as a security guard and walked out the front gate.
 (A) balanced　　(B) calculated　(C) disguised　　(D) registered

14. Due to numerous accidents that occurred while people were playing Pokémon GO, players were advised to be _____ of possible dangers in the environment.
 (A) aware　　(B) ashamed　　(C) doubtful　　(D) guilty

15. Sherlock Holmes, a detective in a popular fiction series, has impressed readers with his amazing powers of _____ and his knowledge of trivial facts.
 (A) innocence　　(B) estimation　(C) assurance　　(D) observation

二、綜合測驗（占 15 分）

說明： 第 16 題至第 30 題，每題一個空格，請依文意選出最適當的一個選項，請畫記在答案卡之「選擇題答案區」。各題答對者，得 1 分；答錯、未作答或畫記多於一個選項者，該題以零分計算。

第 16 至 20 題為題組

You begin to notice a bit of pain on your eyelid each time you blink. You ___16___ the mirror to find a tiny red spot on the base of your lower lashes. These ___17___ are probably the beginning of an eye stye.

An eye stye is a small bump, resembling a pimple, that develops when an oil gland at the edge of an eyelid becomes infected by bacteria. These bacteria are found in the nose and are easily ___18___ to the eye when you rub your nose, then your eye. Pus will build up in the center of the stye, causing a yellowish spot. Usually a stye is accompanied by a swollen eye.

___19___ a stye can look unpleasant at times, it is usually harmless and doesn't cause vision problems. Most styes heal on their own within a few days. You might speed up healing time by gently pressing a warm washcloth ___20___ your eyelid for 10 minutes, 3 or 4 times a day. Make sure you don't squeeze or pop a stye like you would a pimple. Doing so may cause a severe eye infection.

16. (A) check out　　(B) look into　　(C) watch over　　(D) see through
17. (A) incidents　　(B) measures　　(C) symptoms　　(D) explanations
18. (A) attracted　　(B) contributed　　(C) exposed　　(D) transferred
19. (A) As　　(B) If　　(C) Unless　　(D) Although
20. (A) against　　(B) among　　(C) about　　(D) after

第 21 至 25 題為題組

Shoes are hugely important for protecting our feet, especially in places like Africa, where healthcare provision is limited. Unfortunately, shoes are not always readily available for people living in poverty, ___21___ shoes that are the right size. Almost as soon as a child receives shoes to wear, he/she is likely to have grown out of them. Then the child has to ___22___ with shoes that are too small. *The Shoe That Grows*, created by a charity called Because International, changes all this. It allows children to ___23___ their shoes' size as their feet grow.

The innovative footwear resembles a common sandal and is made of leather straps and rubber soles, a material similar to that used in tires. They come ___24___ two sizes, and can expand in three places. The straps on the heel and toe control the length of the shoe, ___25___ the two on either side allow for different widths. With this special design, the shoes can "grow" up to five sizes and last for at least five years.

21. (A) except for　　(B) provided with　　(C) far from　　(D) let alone
22. (A) get done　　(B) get lost　　(C) make do　　(D) make believe
23. (A) adjust　　(B) explore　　(C) insert　　(D) overlook
24. (A) by　　(B) in　　(C) from　　(D) down
25. (A) whether　　(B) while　　(C) with　　(D) for

第 26 至 30 題為題組

　　Research has proven that weather plays a part in our moods: Warmer temperatures and exposure to sunshine increase positive thinking, whereas cold, rainy days bring anxiety and fatigue. ___26___, many people believe that bad weather can reduce productivity and efficiency.

　　There is, however, a significant ___27___ between such beliefs and the actual effect of weather on people's performance at work. Using empirical data from laboratory experiments ___28___ observations of a mid-sized Japanese bank in real life, researchers find that weather conditions indeed influence a worker's focus. When the weather is bad, individuals tend to focus more on their work rather than thinking about activities they could ___29___ outside of work. But photos showing outdoor activities, such as sailing on a sunny day or walking in the woods, can greatly distract workers and thus ___30___ their productivity. The findings conclude that workers are actually most productive when the weather is lousy—and only if nothing reminds them of good weather.

26. (A) At most　　(B) In contrast　　(C) Literally　　(D) Accordingly
27. (A) gap　　(B) link　　(C) clue　　(D) ratio
28. (A) out of　　(B) as well as　　(C) in case of　　(D) due to
29. (A) break off　　(B) approve of　　(C) engage in　　(D) take over
30. (A) reform　　(B) lower　　(C) switch　　(D) demand

三、文意選填（占 10 分）

說明： 第 31 題至第 40 題，每題一個空格，請依文意在文章後所提供的 (A) 到
(J) 選項中分別選出最適當者，並將其英文字母代號畫記在答案卡之「選
擇題答案區」。各題答對者，得 1 分；答錯、未作答或畫記多於一個選
項者，該題以零分計算。

第 31 至 40 題為題組

The widespread popularity of onions is not limited to modern-day kitchens. There is evidence of onions being used for culinary and medicinal purposes all over the ancient world. Nonetheless, no culture ___31___ onions quite as much as the ancient Egyptians. For them, the onion was not just food or medicine; it held significant ___32___ meaning. Onions were considered to be ___33___ of eternal life. The circle-within-a-circle structure of an onion, for them, ___34___ the eternity of existence. According to certain documents, ancient Egyptians also used onions for medicinal purposes, but they likely would have viewed the ___35___ power of the vegetable as magical, rather than medical.

Onions are depicted in many paintings ___36___ inside pyramids and tombs that span the history of ancient Egypt. They ___37___ as a funeral offering shown upon the altars of the gods. The dead were buried with onions and onion flowers on or around various ___38___ of their bodies. Mummies have also been found with onions and onion flowers ___39___ their pelvis, chest, ears, eyes, and feet.

Some scholars theorize that onions may have been used for the dead because it was believed that their strong scent would ___40___ the dead to breathe again. Other researchers believe it was because onions were known for their special curative properties, which would be helpful in the afterlife.

(A) reflected	(B) parts	(C) admired	(D) functioned
(E) prompt	(F) decorating	(G) spiritual	(H) discovered
(I) symbols	(J) healing		

四、閱讀測驗（占 32 分）

說明：　第 41 題至第 56 題，每題請分別根據各篇文章之文意選出最適當的一個
　　　　選項，請畫記在答案卡之「選擇題答案區」。各題答對者，得 2 分；答
　　　　錯、未作答或畫記多於一個選項者，該題以零分計算。

第 41 至 44 題為題組

　　Is your dog an Einstein or a Charmer? For US $60, a recently-founded company called Dognition will help you learn more about your dog's cognitive traits. It offers an online test telling you about the brain behind the bark.

　　Dognition's test measures a dog's intellect in several aspects—from empathy to memory to reasoning skills. But don't expect it to measure your pet's IQ. Dr. Hare, one of the **venture**'s co-founders, says a dog's intelligence can't be described with a single number. Just as humans have a wide range of intelligences, so do dogs. The question is what type your dog relies on more.

　　After you plunk your money down, Dognition's website will take you through a questionnaire about your dog: For example, how excited does your dog get around other dogs, or children? Do fireworks scare your pup? Then, Dognition guides you through tests that are as fun as playing fetch or hide-and-seek. At the end, you get a report of your dog's cognitive profile.

　　Your dog could fall into one of nine categories: Ace, Stargazer, Maverick, Charmer, Socialite, Protodog, Einstein, Expert, or Renaissance Dog. That can give you something to brag about on Dognition's Facebook page. It also can shed new light on why dogs do the things they do. For example, a Charmer is a dog that trusts you so much that it would prefer to solve problems using information you give it rather than information it can get with its own eyes.

　　Dognition helps people understand their dogs in ways that they have never been able to do. This new understanding can enrich the relationship between dogs and their owners.

41. What is the third paragraph mainly about?
   (A) The theory behind the questionnaire used in the Dognition test.
   (B) The procedure for evaluating a dog's intellect on Dognition.
   (C) The products one can get by paying a fee to Dognition.
   (D) The characteristics of the activities Dognition offers.

42. According to the passage, which of the following statements is true?
   (A) Different dogs display strengths in different intelligences.
   (B) A dog's cognitive profile is composed of nine cognitive skills.
   (C) The purpose of Dognition's testing is to control a dog's behavior.
   (D) A dog's intelligence can be ranked based on the score of a Dognition's test.

43. Which of the following is closest in meaning to the word "**venture**" in the second paragraph?
   (A) Creative measurement.   (B) Risky attempt.
   (C) Non-profit organization.   (D) New business.

44. According to the passage, what would a Charmer most likely do?
   (A) Stay away from people whenever possible.
   (B) Imitate how other dogs solve problems.
   (C) Rely on its owner to point out where a treat is.
   (D) Follow its own senses to get what it wants.

第 45 至 48 題為題組

   Capoeira is a martial art that combines elements of fight, acrobatics, drumming, singing, dance, and rituals. It involves a variety of techniques that make use of the hands, feet, legs, arms, and head. Although Capoeira appears dancelike, many of its basic techniques are similar to those in other martial arts.

   Capoeira was created nearly 500 years ago in Brazil by African slaves. It is believed that the martial art was connected with tribal fighting in Africa, in which people fought body to body, without weapons, in order to acquire a bride or desired woman. In the sixteenth century, when the Africans were taken from their homes to Brazil against their will and kept in slavery, Capoeira began to take form among the community of slaves for self-defense. But it soon became a strong weapon in the life-or-death struggle against their oppressors. When the slave owners realized the power of Capoeira, they began to punish those who practiced it. Capoeiristas learned to camouflage the forbidden fights with singing, clapping, and dancing as though it were simply entertainment.

At first, Capoeira was considered illegal in Brazil. However, a man known as Mestre Bimba devoted a great deal of time and effort to convincing the Brazilian authorities that Capoeira has great cultural value and should become an official fighting style. He succeeded in his endeavor and transformed the martial art into Brazil's national sport. He and Mestre Pastinha were the first to open schools, and the Capoeira tree grew, spreading its branches across the world. Nowadays, it is performed in movies and music clips. Capoeira is also believed to have influenced several dancing styles like breaking and hip-hop.

45. What is the passage mainly about?
    (A) The history of Capoeira.
    (B) The values of Capoeira.
    (C) The contribution of Capoeira.
    (D) The techniques of Capoeira.

46. Which of the following will probably **NOT** be found in the performance of Capoeira?
    (A) Singing with drums.　　　(B) Sweeping with the legs.
    (C) Stabbing with swords.　　(D) Striking with the hands.

47. What is the author's attitude toward Capoeira as a sport?
    (A) Admiring.　　　　　　　(B) Objective.
    (C) Doubtful.　　　　　　　(D) Harsh.

48. According to the passage, which of the following statements is true
   about Capoeira?
   (A) It was greatly influenced by modern dancing styles.
   (B) It was initially created as a type of dance and ritual.
   (C) It was mainly performed to protect a bride or desired woman.
   (D) It was officially recognized in Brazil through the effort of
   Mestre Bimba.

第 49 至 52 題為題組

   Winslow Homer (1836-1910) is regarded by many as the greatest
American painter of the nineteenth century. Born and raised in Boston,
he began his career at age eighteen in his hometown, working as an
apprentice at a printing company. Skilled at drawing, he soon made a
name for himself making illustrations for novels, sheet music, magazines,
and children's books.

   He then moved to New York City, where he worked as a freelance
illustrator with *Harper's Weekly*, a popular magazine of the time, and
began painting. Homer was assigned to cover the inauguration of
President Lincoln and, later, the Civil War. His pictures of the Union
troops won international recognition. Homer moved to England and,
after a two-year stay, returned to America. He settled permanently in
Maine in 1883.

   From the late 1850s until his death in 1910, Winslow Homer
produced a body of work distinguished by its thoughtful expression and
its independence from artistic conventions. A man of multiple talents,
Homer excelled equally in the arts of illustration, oil painting, and
watercolor. Many of his works—depictions of children at play and in
school, farm girls attending to their work, hunters and their prey—have
become classic images of nineteenth-century American life. **Others**
speak to more universal themes such as the primal relationship of humans
to nature.

This two-week exhibition highlights a wide and representative range of Homer's art. It shows his extraordinary career from the battlefields, farmland, and coastal villages of America, to the North Sea fishing village of Cullercoats, the rocky coast of Maine, the Adirondacks, and the Caribbean. The exhibition offers viewers an opportunity to experience and appreciate the breadth of his remarkable artistic achievement.

49. Where does this passage most likely appear?
    (A) On an ad featuring contemporary arts.
    (B) On a website of an art gallery.
    (C) In a booklet on American-born British artists.
    (D) In an encyclopedia on the art of printing.

50. Which of the following is true about Homer's career?
    (A) He achieved international fame with his vivid paintings of England.
    (B) He is considered the greatest illustrator in the history of American art.
    (C) He is better known for his watercolors than his illustrations and oil paintings.
    (D) He first established his reputation as an illustrator in his hometown of Boston.

51. According to the passage, which of the following best characterizes Homer's art?
    (A) His pictures vividly portrayed the life of nineteenth-century Americans.
    (B) His art thoughtfully expressed the voices of people suffering from war.
    (C) His style faithfully conformed to the artistic traditions of his time.
    (D) His paintings constantly reflected his desire to escape from society.

52. What does "**Others**" in the third paragraph refer to?
    (A) Other artists.　　　　(B) Other themes.
    (C) Other works.　　　　(D) Other images.

　　Tea, the most typical English drink, became established in Britain because of the influence of a foreign princess, Catherine of Braganza, the queen of Charles II. A lover of tea since her childhood in Portugal, she brought tea-drinking to the English royal court and set a trend for the beverage in the seventeenth century. The fashion soon spread beyond the circle of the nobility to the middle classes, and tea became a popular drink at the London coffee houses where people met to do business and discuss events of the day. Many employers served a cup of tea to their workers in the middle of the morning, thus inventing **a lasting British institution**, the "tea break." However, drinking tea in social settings outside the workplace was beyond the means of the majority of British people. It came with a high price tag and tea was taxed as well.

　　Around 1800, the seventh Duchess of Bedford, Anne Maria, began the popular practice of "afternoon tea," a ceremony taking place at about four o'clock. Until then, people did not usually eat or drink anything between lunch and dinner. At approximately the same time, the Earl of Sandwich popularized a new way of eating bread—in thin slices, with something (e.g., jam or cucumbers) between them. Before long, a small meal at the end of the afternoon, involving tea and sandwiches, had become part of the British way of life.

　　As tea became much cheaper during the nineteenth century, its popularity spread right through all corners of the British society. Thus, tea became Britain's favorite drink. In working-class households, it was served with the main meal of the day, eaten when workers returned home after a day's labor. This meal has become known as "high tea."

Today, tea can be drunk at any time of the day, and accounts for over two-fifths of all beverages consumed in Britain—with the exception of water.

53. How is this passage organized?
    (A) By cause and effect.
    (B) In the order of importance.
    (C) In the sequence of time.
    (D) By comparison and contrast.

54. What does the phrase "**a lasting British institution**" in the first paragraph mean?
    (A) The most popular British organization.
    (B) A long-standing tradition in the UK.
    (C) The last tea company in London.
    (D) A well-established British business.

55. According to the passage, why was tea **NOT** a common drink of everyday life in the seventeenth century?
    (A) It was only served at coffee houses in London.
    (B) It was taxed as an alcoholic drink.
    (C) It was forbidden outside of the business setting.
    (D) It was too expensive for most people.

56. According to the passage, which of the following is true?
    (A) High tea was served later in the day than afternoon tea in the nineteenth century.
    (B) British people had tea breaks twice a day in the eighteenth century.
    (C) Princess Catherine brought tea to England after visiting Portugal.
    (D) The Earl of Sandwich started the afternoon tea ceremony.

第貳部份：非選擇題（占 28 分）

說明： 本部分共有二題，請依各題指示作答，答案必須寫在「答案卷」上，並標明大題號（一、二）。作答務必使用筆尖較粗之黑色墨水的筆書寫，且不得使用鉛筆。

一、中譯英（占 8 分）

說明： 1. 請將以下中文句子譯成正確、通順、達意的英文，並將答案寫在「答案卷」上。
　　　 2. 請依序作答，並標明題號。每題 4 分，共 8 分。

1. 玉山（Jade Mountain）在冬天常常覆蓋著厚厚的積雪，使整個山頂閃耀如玉。

2. 征服玉山一直是國內外登山者最困難的挑戰之一。

二、英文作文（占 20 分）

說明： 1. 依提示在「答案卷」上寫一篇英文作文。
　　　 2. 文長至少 120 個單詞（words）。

提示： 請仔細觀察以下三幅連環圖片的內容，並想像第四幅圖片可能的發展，然後寫出一篇涵蓋每張圖片內容且結局完整的故事。

106年度學科能力測驗英文科試題詳解

第壹部分：單選題

一、詞彙題：

1. (**B**) John's clock is not functioning <u>properly</u>. The alarm rings even when it's not set to go off.
   約翰的時鐘不能<u>適當地</u>運作。即使沒有設定，鬧鈴也會響。
   (A) tenderly〔'tɛndəlɪ〕*adv.* 溫和地
   (B) ***properly***〔'prɑpəlɪ〕*adv.* 適當地　　(C) solidly〔'sɑlɪdlɪ〕*adv.* 堅固地
   (D) favorably〔'fevərəblɪ〕*adv.* 順利地；適宜地
   function〔'fʌŋkʃən〕*v.* 起作用；運作　　alarm〔ə'lɑrm〕*n.* 鬧鈴
   ring〔rɪŋ〕*v.*（鈴）響　　set〔sɛt〕*v.* 設定　　***go off*** 響起

2. (**A**) Michael has decided to <u>pursue</u> a career in physics and has set his mind on becoming a professor.
   麥克已決定<u>從事</u>物理學的職業，並下定決心要成為一名教授。
   (A) ***pursue***〔pə'su〕*v.* 追求；從事　　(B) swear〔swɛr〕*v.* 發誓
   (C) reserve〔rɪ'zɝv〕*v.* 保留；預訂　　(D) draft〔dræft〕*v.* 草擬
   career〔kə'rɪr〕*n.*（終身的）職業　　physics〔'fɪzɪks〕*n.* 物理學
   set one's mind on 對⋯下決心　　professor〔prə'fɛsɚ〕*n.* 教授

3. (**C**) Peter plans to hike in a <u>remote</u> part of Africa, where he might not meet another human being for days. 彼得計劃在非洲一個<u>偏遠的</u>地區健行，他在那裡可能好幾天都不會見到另一個人。
   (A) native〔'netɪv〕*adj.* 本地的；本國的
   (B) tricky〔'trɪkɪ〕*adj.* 狡猾的；棘手的
   (C) ***remote***〔rɪ'mot〕*adj.* 偏遠的　　(D) vacant〔'vekənt〕*adj.* 空的
   hike〔haɪk〕*v.* 健行；遠足
   Africa〔'æfrɪkə〕*n.* 非洲　　***human being*** 人

4. (**D**) People in this community tend to <u>identify</u> with the group they belong to, and often put group interests before personal ones. 這個社區的人傾向於<u>認同</u>他們所屬的團體，經常把團體利益置於個人利益之前。

(A) appoint〔ə'pɔɪnt〕*v.* 指派　　(B) eliminate〔ɪ'lɪmə‚net〕*v.* 除去

(C) occupy〔'ɑkjə‚paɪ〕*v.* 佔據

(D) ***identify***〔aɪ'dɛntə‚faɪ〕*v.* 認同< *with* >

community〔kə'mjunətɪ〕*n.* 社區　　***tend to V.*** 易於；傾向於

belong to 屬於　　interest〔'ɪntrɪst〕*n.* 利益

personal〔'pɝsn̩l〕*adj.* 個人的

5. (**B**) I mistook the man for a well-known actor and asked for his autograph;
it was really <u>embarrassing</u>. 我把這位男士誤認成一位知名的男演員，
還跟他要親筆簽名；這真的很<u>尷尬</u>。

(A) relaxing〔rɪ'læksɪŋ〕*adj.* 輕鬆的

(B) ***embarrassing***〔ɪm'bærəsɪŋ〕*adj.* 令人尷尬的

(C) appealing〔ə'pilɪŋ〕*adj.* 吸引人的

(D) defending〔dɪ'fɛndɪŋ〕*adj.* 保護的

mistake〔mə'stek〕*v.* 誤認< *for* >　　well-known〔'wɛl'non〕*adj.* 有名的

ask for 要求　　autograph〔'ɔtə‚græf〕*n.* (尤指名人的) 親筆簽名

6. (**A**) After spending most of her salary on rent and food, Amelia <u>barely</u>
had any money left for entertainment and other expenses.
將她大部分的薪水花在房租和食物後，艾蜜莉亞<u>幾乎沒</u>有錢留給娛樂
和其他花費。

(A) ***barely***〔'bɛrlɪ〕*adv.* 幾乎不

(B) fairly〔'fɛrlɪ〕*adv.* 公平地；相當地

(C) merely〔'mɪrlɪ〕*adv.* 僅僅

(D) readily〔'rɛdɪlɪ〕*adv.* 欣然；容易地

salary〔'sælərɪ〕*n.* 薪水　　rent〔rɛnt〕*n.* 房租

entertainment〔‚ɛntə'tenmənt〕*n.* 娛樂　　expense〔ɪk'spɛns〕*n.* 花費

7. (**B**) In the Bermuda Triangle, a region in the western part of the North
Atlantic Ocean, some airplanes and ships were reported to have
mysteriously disappeared without a <u>trace</u>.
在北大西洋西部地帶的百慕達三角，有些飛機和船據報神秘消失，
沒有留下一點<u>踪跡</u>。

(A) guide〔gaɪd〕*n.* 指引　　　　(B) ***trace***〔tres〕*n.* 踪跡

(C) code〔kod〕*n.* 密碼　　　　(D) print〔prɪnt〕*n.* 印刷

Bermuda〔bə'mjudə〕*n.* 百慕達【位於北大西洋的英國屬地】

triangle（'traɪˌæŋgl̩）*n.* 三角形　***Bermuda Triangle*** 百慕達三角
region（'ridʒən）*n.* 地帶　　western（'wɛstən）*adj.* 西部的
Atlantic（ət'læntɪk）*adj.* 大西洋的　　report（rɪ'port）*v.* 報導
mysteriously（mɪs'tɪrɪəslɪ）*adv.* 神秘地　　disappear（ˌdɪsə'pɪr）*v.* 消失

8.（**D**）Shouting greetings and waving a big sign, Tony urged the passing
　　shoppers to visit his shop and buy the freshly baked bread.
　　大聲問候並且揮舞著一個大牌子，東尼力邀經過的顧客去他的店買剛
　　出爐的麵包。
　　(A) access（'æksɛs）*v.* 存取（資料）　(B) edit（'ɛdɪt）*v.* 編輯
　　(C) impose（ɪm'poz）*v.* 強加　　　　(D) ***urge***（ɝdʒ）*v.* 力邀；力勸
　　greeting（'gritɪŋ）*n.* 問候　　wave（wev）*v.* 揮舞
　　sign（saɪn）*n.* 告示；牌子　　passing（'pæsɪŋ）*adj.* 經過的
　　freshly（'frɛʃlɪ）*adv.* 新近地　　bake（bek）*v.* 烘烤

9.（**C**）With a continuous 3 km stretch of golden sand, the beach attracts
　　artists around the world each summer to create amazing sculptures
　　with its fine soft sand. 這座海灘有著綿延三公里的金沙，每年夏天
　　吸引世界各地的藝術家，用它細微柔軟的沙子來創造驚人的雕刻。
　　(A) constitution（ˌkɑnstə'tjuʃən）*n.* 憲法
　　(B) objection（əb'dʒɛkʃən）*n.* 反對
　　(C) ***sculpture***（'skʌlptʃɚ）*n.* 雕刻　　(D) adventure（əd'vɛntʃɚ）*n.* 冒險
　　continuous（kən'tɪnjuəs）*adj.* 連續的　　stretch（strɛtʃ）*n.* 延伸
　　attract（ə'trækt）*v.* 吸引│　***around the world*** 世界各地
　　create（krɪ'et）*v.* 創造　　amazing（ə'mezɪŋ）*adj.* 驚人的
　　fine（faɪn）*adj.* 細微的　　soft（sɔft）*adj.* 柔軟的

10.（**B**）The clouds parted and a beam of light fell on the church, through the
　　windows, and onto the floor. 雲朵分離，一束光落在教堂上，穿過窗
　　戶，照到地板上。
　　(A) dip（dɪp）*n.* 浸；泡　　　　(B) ***beam***（bim）*n.* 光束
　　(C) spark（spɑrk）*n.* 火花　　　(D) path（pæθ）*n.* 小徑
　　part（pɑrt）*v.* 分離　　through（θru）*prep.* 穿過

11.（**A**）Instead of a gift, Tim's grandmother always enclosed some money in
　　the birthday card she gave him. 提姆的奶奶總是在給他的生日卡片中
　　隨函附上一些錢，而不會送禮物。
　　(A) ***enclose***（ɪn'kloz）*v.*（隨函）附寄

(B) install〔ɪn'stɔl〕*v.* 安裝　　(C) preserve〔prɪ'zɝv〕*v.* 保存

(D) reward〔rɪ'wɔrd〕*v.* 獎賞

instead of 而不是

12. (**C**) While winning a gold <u>medal</u> is what every Olympic athlete dreams of, it becomes meaningless if it is achieved by cheating. 雖然贏得一面金牌是所有奧運選手的夢想，但若是靠作弊達成，一切將變得沒有意義。

(A) signal〔'sɪgn̩〕*n.* 信號　　　　(B) glory〔'glorɪ〕*n.* 榮耀

(C) ***medal***〔'mɛdl̩〕*n.* 獎牌　　(D) profit〔'prɑfɪt〕*n.* 利潤；利益

while〔hwaɪl〕*conj.* 雖然　　Olympic〔o'lɪmpɪk〕*adj.* 奧運的

athlete〔'æθlit〕*n.* 運動員　　***dream of*** 夢想

meaningless〔'minɪŋlɪs〕*adj.* 毫無意義的

achieve〔ə'tʃiv〕*v.* 達成　　cheat〔tʃit〕*v.* 作弊

13. (**C**) The thief went into the apartment building and stole some jewelry. He then <u>disguised</u> himself as a security guard and walked out the front gate. 那名小偷進入公寓大樓偷走一些珠寶。然後他把自己<u>偽裝</u>成一名保全，從正門走出去。

(A) balance〔'bæləns〕*v.* 使平衡　(B) calculate〔'kælkjə,let〕*v.* 計算

(C) ***disguise***〔dɪs'gaɪz〕*v.* 偽裝　(D) register〔'rɛdʒɪstɚ〕*v.* 登記；註冊

thief〔θif〕*n.* 小偷　　jewelry〔'dʒuəlrɪ〕*n.* 珠寶

security〔sɪ'kjʊrətɪ〕*n.* 安全　　guard〔gɑrd〕*n.* 守衛

security guard 保全　　gate〔get〕*n.* 大門

14. (**A**) Due to numerous accidents that occurred while people were playing Pokémon GO, players were advised to be <u>aware</u> of possible dangers in the environment. 由於民眾在玩寶可夢遊戲時發生了許多意外，所以玩家們被勸告要<u>注意到</u>環境中可能的危險。

(A) ***aware***〔ə'wɛr〕*adj.* 知道的；察覺到的 < *of* >

(B) ashamed〔ə'ʃemd〕*adj.* 感到慚愧的

(C) doubtful〔'daʊtfəl〕*adj.* 懷疑的

(D) guilty〔'gɪltɪ〕*adj.* 有罪的；內疚的

due to 由於　　numerous〔'njumərəs〕*adj.* 許多的

accident〔'æksədənt〕*n.* 意外　　occur〔ə'kɝ〕*v.* 發生

advise〔əd'vaɪz〕*v.* 勸告　　environment〔ɪn'vaɪrənmənt〕*n.* 環境

15. (**D**) Sherlock Holmes, a detective in a popular fiction series, has impressed
readers with his amazing powers of <u>observation</u> and his knowledge
of trivial facts. 夏洛克・福爾摩斯，一名很受歡迎的系列小說中的偵
探，以他驚人的<u>觀察</u>力以及有關細微事實的知識令讀者印象深刻。

(A) innocence（'ɪnəsn̩s）*n.* 無罪；天眞

(B) estimation（ˌɛstə'meʃən）*n.* 估計

(C) assurance（ə'ʃʊrəns）*n.* 保證

(D) ***observation***（ˌɑbzɚ'veʃən）*n.* 觀察

Sherlock Holmes 夏洛克・福爾摩斯【一個由 19 世紀末的英國偵探小說
家亞瑟・柯南・道爾所塑造的一名才華洋溢的虛構偵探】
detective（dɪ'tɛktɪv）*n.* 偵探　　fiction（'fɪkʃən）*n.* 小說
series（'sɪrɪz）*n.* 系列　　impress（ɪm'prɛs）*v.* 使印象深刻
amazing（ə'mezɪŋ）*adj.* 驚人的　　trivial（'trɪvɪəl）*adj.* 瑣碎的

二、綜合測驗：

<u>第 16 至 20 題爲題組</u>

You begin to notice a bit of pain *on your eyelid **each time** you blink.* You
<u>look into</u> the mirror to find a tiny red spot on the base of your lower lashes.
　　16
These <u>symptoms</u> are *probably* the beginning *of an eye stye.*
　　　17

你開始注意到，每當你眨眼時，眼皮就會有點痛。你照鏡子發現，在你下睫
毛的底部有個小紅點。這些症狀可能就是開始要長針眼了。

notice（'notɪs）*v.* 注意到　　***a bit of*** 有點　　pain（pen）*n.* 疼痛
eyelid（'aɪˌlɪd）*n.* 眼皮　　blink（blɪŋk）*v.* 眨眼
mirror（'mɪrɚ）*n.* 鏡子　　tiny（'taɪnɪ）*adj.* 微小的
spot（spɑt）*n.* 斑點　　base（bes）*n.* 底部
lower（'loɚ）*adj.* 較低的；下層的　　lash（læʃ）*n.* 睫毛
stye（staɪ）*n.* 麥粒腫；針眼（= *sty*）

16. (**B**) 依句意，選 (B) ***look into the mirror***「照鏡子」（= *look in the mirror*
= *look at yourself in the mirror*）。
而 (A) check out「結帳退房；察看」，(C) watch over「看守；監視」，
(D) see through「看透」，則不合句意。

17. (**C**) 依句意，選 (C) *symptoms* 〔ˈsɪmptəmz〕 *n. pl.* 症狀。
而 (A) incident 〔ˈɪnsədənt〕 *n.* 事件，(B) measure 〔ˈmɛʒɚ〕 *n.* 措施，
(D) explanation 〔ˌɛkspləˈneʃən〕 *n.* 解釋；說明，則不合句意。

An eye stye is a small bump, resembling a pimple, that develops when an oil gland at the edge of an eyelid becomes infected by bacteria. These bacteria are found in the nose and are easily <u>transferred</u> to the eye when you rub your nose,
　　　　　　　　　　　　　　　　　　　　　　　　18
then your eye. Pus will build up in the center of the stye, causing a yellowish spot. Usually a stye is accompanied by a swollen eye.

針眼是個很像青春痘的小腫塊，當眼皮邊緣的皮脂腺被細菌感染時，就會形成。這些細菌可以在鼻子裡被發現，當你用手揉完鼻子再揉眼睛時，就很容易轉移到眼睛。針眼的中央會化膿，形成淡黃色的斑點。通常長針眼的同時，眼睛會很腫。

bump〔bʌmp〕*n.* 腫塊　　　resemble〔rɪˈzɛmbḷ〕*v.* 像
pimple〔ˈpɪmpḷ〕*n.* 青春痘　　develop〔dɪˈvɛləp〕*v.* 形成
gland〔glænd〕*n.* 腺　　***oil gland*** 油腺；皮脂腺　　edge〔ɛdʒ〕*n.* 邊緣
infect〔ɪnˈfɛkt〕*v.* 感染　　bacteria〔bækˈtɪrɪə〕*n. pl.* 細菌
rub〔rʌb〕*v.* 摩擦；(用手) 揉　　pus〔pʌs〕*n.* 膿
build up 增加；累積　　cause〔kɔz〕*v.* 造成
yellowish〔ˈjɛlo‧ɪʃ〕*adj.* 略帶黃色的；微黃的
accompany〔əˈkʌmpənɪ〕*v.* 伴隨；與⋯同時發生
swollen〔ˈswolən〕*adj.* 腫起的

18. (**D**) 依句意，選 (D) ***transferred***。　　transfer〔trænsˈfɝ〕*v.* 轉移
而 (A) attract〔əˈtrækt〕*v.* 吸引，(B) contribute〔kənˈtrɪbjut〕*v.* 貢獻，
(C) expose〔ɪkˈspoz〕*v.* 暴露；使接觸，則不合句意。

<u>**Although**</u> *a stye can look unpleasant at times*, it is *usually* harmless and
　　　　19
doesn't cause vision problems. Most styes heal on their own within a few days. You might speed up healing time by gently pressing a warm washcloth <u>against</u>
　　　　　　　　　　　　　　　　　　　　　　　　　　　　　　　　20
your eyelid for 10 minutes, 3 or 4 times a day. Make sure you don't squeeze or pop a stye like you would a pimple. Doing so may cause a severe eye infection.

　　雖然針眼可能有時看起來很討厭，但通常是無害的，不會造成視力問題。大多數針眼會在幾天之內自行痊癒。你可以將熱毛巾輕輕地壓在眼皮上，一天三或

四次，每次十分鐘，加速痊癒的時間。千萬不要像對青春痘一樣，擠壓針眼或使它爆開，這樣做可能會造成嚴重的眼睛感染。

unpleasant〔ʌnˈplɛznt〕adj. 令人不愉快的；令人討厭的
at times 有時候　　harmless〔ˈharmlɪs〕adj. 無害的
vision〔ˈvɪʒən〕n. 視力　　heal〔hil〕v. 痊癒
on one's own 憑自己；獨自　　within〔wɪðˈɪn〕prep. 在…之內
speed up 加速　　gently〔ˈdʒɛntlɪ〕adv. 溫和地；輕輕地
press〔prɛs〕v. 壓；按　　warm〔wɔrm〕adj. 溫暖的；熱的
washcloth〔ˈwɑʃ͵klɔθ〕n. 毛巾　　time〔taɪm〕n. 次　　make sure 確定
squeeze〔skwiz〕v. 擠壓　　pop〔pɑp〕v. 使啪的一聲爆裂
severe〔səˈvɪr〕adj. 嚴重的　　infection〔ɪnˈfɛkʃən〕n. 感染

19. (**D**) 依句意，選 (D) *Although*「雖然」。而 (A) As「因為；當…的時候」，
(B) If「如果」，(C) Unless「除非」，則不合句意

20. (**A**) *press A against B* 把 A 壓在 B 上（ = *press A on B* = *press A to B* ）

第 21 至 25 題為題組

Shoes are *hugely* important *for protecting our feet*, especially in places like Africa, where healthcare provision is limited. Unfortunately, shoes are not always readily available for people living in poverty, <u>let alone</u> shoes that are
                                                                                              21
the right size.

鞋子對於保護我們的腳而言，非常重要，尤其是在像是非洲這樣的地方，醫療資源很有限。遺憾的是，對於生活貧困的人而言，要獲得鞋子不一定很容易，更不用說尺寸正確的鞋子了。

hugely〔ˈhjudʒlɪ〕adv. 極大地；非常地　　protect〔prəˈtɛkt〕v. 保護
especially〔əˈspɛʃəlɪ〕adv. 尤其；特別是
healthcare〔ˈhɛlθ͵kɛr〕n. 醫療保健（服務）
provision〔prəˈvɪʒən〕n. 供給；提供　　limited〔ˈlɪmɪtɪd〕adj. 有限的
unfortunately〔ʌnˈfɔrtʃənɪtlɪ〕adv. 不幸地；遺憾地
not always 未必；不一定（ = *not necessarily*）
readily〔ˈrɛdɪlɪ〕adv. 容易地；輕易地
available〔əˈveləbḷ〕adj. 可獲得的　　poverty〔ˈpɑvɚtɪ〕n. 貧窮
live in poverty 過貧窮的生活

21.（**D**）依句意，選 (D) **let alone**「更不用說」(= *not to mention = not to speak of = to say nothing of*)。【詳見「文法寶典」p.417「不定詞的獨立法」】
而 (A) except for「除了」，(B) provided with「被提供了…」，(C) far from「一點也不」，則不合句意。

---

*Almost **as soon as** a child receives shoes to wear*, he/she is likely to have grown
out of them. Then the child has to <u>make do</u> with shoes that are too small. The
22
Shoe That Grows, created by a charity called Because International, changes all
this. It allows children to <u>adjust</u> their shoes' size as their feet grow.
23

幾乎孩子一收到可以穿的鞋子時，他或她可能就因為已經長
大，穿不下了。然後孩子就必須將就穿這些太小的鞋。有個
叫作Because International的慈善團體所創造的「會長大的鞋
子」改變了這一切。這能讓孩子隨著自己的腳逐漸成長，而
調整鞋子的尺寸。

　　as soon as 一…就　　　*be likely to V.* 可能…
　　grow out of （因長大而）穿不下　　　create〔krɪˈet〕*v.* 創造
　　charity〔ˈtʃærətɪ〕*n.* 慈善機構；慈善團體　　　allow〔əˈlaʊ〕*v.* 讓

22.（**C**）依句意，選 (C) **make do with**「將就使用」。We will make do with
what we have in the refrigerator. (我們會將就使用冰箱裡的東西。)
而 (A) get done with「做完；結束」，(B) get lost「迷路」，(D) make believe
「假裝」，則不合句意。

23.（**A**）依句意，選 (A) **adjust**〔əˈdʒʌst〕*v.* 調整。而 (B) explore〔ɪkˈsplor〕*v.*
探險；探討，(C) insert〔ɪnˈsɝt〕*v.* 插入；加入，(D) overlook〔ˌovɚˈlʊk〕
v. 忽視，則不合句意。

The innovative footwear resembles a common sandal and is made of leather
straps and rubber soles, <u>a material similar to that used in tires</u>. They come <u>in</u>
同　位　語　　　　　　　　　　　24
two sizes, and can expand in three places. The straps on the heel and toe
control the length of the shoe, <u>while</u> the two on either side allow for different
25

widths. With this special design, the shoes can "grow" up to five sizes and last for at least five years.

這種創新的鞋很像普通的涼鞋，是用皮製的帶子和橡膠鞋底  製成，和輪胎所使用的材料很類似。鞋子有兩種尺寸，而且 有三個地方可以擴大。在鞋後跟和腳尖上的帶子能控制鞋子 的長度，而兩邊的帶子，可以爲不同的寬度預留空間。有了 這種特殊的設計，這些鞋子就可以「長」成五種尺寸，並且至少可以穿五年。

innovative〔'ɪnə͵vetɪv〕*adj.* 創新的　　footware〔'fʊt͵wɛr〕*n.*（總稱）鞋類
resemble〔rɪ'zɛmbḷ〕*v.* 像　　common〔'kɑmən〕*adj.* 普通的；常見的
sandal〔'sændḷ〕*n.* 涼鞋　　***be made of*** 由…製成
leather〔'lɛðɚ〕*adj.* 皮（製）的　　strap〔stræp〕*n.* 帶子
rubber〔'rʌbɚ〕*n.* 橡膠　　sole〔sol〕*n.* 鞋底
material〔mə'tɪrɪəl〕*n.* 原料；材料
similar〔'sɪmələ〕*adj.* 類似的 *< to >*　　tire〔taɪr〕*n.* 輪胎
expand〔ɪk'spænd〕*v.* 擴大；擴充　　heel〔hil〕*n.* 鞋後跟；腳後跟
toe〔to〕*n.* 鞋尖；腳趾　　length〔lɛŋθ〕*n.* 長度
either〔'iðɚ〕*adj.*（兩者）任一　　***allow for*** 考慮到；爲…預留空間
width〔wɪdθ〕*n.* 寬度　　design〔dɪ'zaɪn〕*n.* 設計
last〔læst〕*v.* 持續；持久；支撐　　***at least*** 至少

24.（**B**）依句意，選 (B) ***come in***「有（…尺寸、形狀、顏色等）」。

25.（**B**）依句意，表對比，選 (B) ***while***「然而」(= *whereas*)。

第 26 至 30 題爲題組

　　Research has proven that weather plays a part in our moods: Warmer temperatures and exposure to sunshine increase positive thinking, whereas cold, rainy days bring anxiety and fatigue. <u>Accordingly</u>, many people believe
26
that bad weather can reduce productivity and efficiency.
　　研究已經證實，天氣會影響我們的心情：較溫暖的氣溫及接觸到陽光，能促 進正向思考，而寒冷、有雨的日子，則會帶來焦慮及疲勞。因此，很多人認爲， 壞天氣可能會降低生產力和效率。

research〔'risɝtʃ〕*n.* 研究　　prove〔pruv〕*v.* 證實
weather〔'wɛðɚ〕*n.* 天氣　　part〔pɑrt〕*n.* 角色 (= *role*)
play a part 扮演一個角色；起作用　　mood〔mud〕*n.* 心情

temperature〔ˈtɛmpərətʃə〕*n.* 溫度　exposure〔ɪkˈspoʒə〕*n.* 接觸 < *to* >
sunshine〔ˈsʌnˌʃaɪn〕*n.* 陽光　increase〔ɪnˈkris〕*v.* 增加
positive〔ˈpazətɪv〕*adj.* 正面的；樂觀的
whereas〔hwɛrˈæz〕*conj.* 然而（= *while*）
rainy〔ˈrenɪ〕*adj.* 下雨的　anxiety〔æŋˈzaɪətɪ〕*n.* 焦慮
fatigue〔fəˈtig〕*n.* 疲勞　reduce〔rɪˈdjus〕*v.* 降低；減少
productivity〔ˌprodʌkˈtɪvətɪ〕*n.* 生產力　efficiency〔əˈfɪʃənsɪ〕*n.* 效率

26. (**D**) 依句意，選 (D) ***Accordingly***〔əˈkɔrdɪŋlɪ〕*adv.* 因此（= *Therefore*）。而
(A) At most「最多」，(B) In contrast「對比之下」，(C) Literally〔ˈlɪtərəlɪ〕
adv. 確實地；照字面意義地，則不合句意。

There is, however, a significant gap *between such beliefs **and** the actual*
27

effect of weather on people's performance at work. Using empirical data from
laboratory experiments as well as observations of a mid-sized Japanese bank in
28
real life, researchers find that weather conditions indeed influence a worker's
focus.

　　然而，這樣的想法，和天氣對人們工作表現真正的影響之間，有很大的差距。
用實驗室的實驗所得到的資料，以及在現實生活中，對一間中型的日本銀行所做
的觀察，研究人員發現，天氣狀況的確會影響員工的專注力。

significant〔sɪgˈnɪfəkənt〕*adj.* 相當大的；顯著的
belief〔bɪˈlif〕*n.* 信念；看法　actual〔ˈæktʃuəl〕*adj.* 真實的；實際上的
effect〔ɪˈfɛkt〕*n.* 影響 < *on* >　performance〔pəˈfɔrməns〕*n.* 表現
empirical〔ɪmˈpɪrɪkl̩〕*adj.* 經驗主義的；以科學實驗為根據的
data〔ˈdetə〕*n. pl.* 資料　laboratory〔ˈlæbərəˌtorɪ〕*n.* 實驗室
experiment〔ɪkˈspɛrəmənt〕*n.* 實驗　observation〔ˌabzəˈveʃən〕*n.* 觀察
mid-sized〔ˈmɪdˌsaɪzd〕*adj.* 中型的　***in real life*** 在現實生活中
researcher〔rɪˈsɝtʃə〕*n.* 研究人員　condition〔kənˈdɪʃən〕*n.* 狀況
indeed〔ɪnˈdid〕*adv.* 的確；真地　influence〔ˈɪnfluəns〕*v.* 影響
focus〔ˈfokəs〕*n.* 專注；注意

27. (**A**) 依句意，選 (A) ***gap***〔gæp〕*n.* 差距。而 (B) link〔lɪŋk〕*n.* 連結；關聯，
(C) clue〔klu〕*n.* 線索，(D) ratio〔ˈreʃo〕*n.* 比率，則不合句意。

28. (**B**) 依句意，選 (B) *as well as*「以及」。而 (A) out of「出於」，(C) in case of
「如果發生」，(D) due to「因為；由於」，則不合句意。

When *the weather is bad*, individuals tend to focus more on their work rather
than thinking about activities they could <u>engage in</u> outside of work. But photos
29
showing outdoor activities, such as sailing on a sunny day or walking in the
woods, can greatly distract workers and thus <u>lower</u> their productivity. The
30
findings conclude that workers are actually most productive when the weather
is lousy—and only if nothing reminds them of good weather.

當天氣不好時，人就容易更專注於工作，而不是想著那些他們能從事的，工作以
外的活動。但是，像在晴天坐船旅行或在森林中散步，這種戶外活動的照片，很
可能會使員工分心，因而降低生產力。這些研究結果斷定，當天氣很不好時，員
工事實上是非常有生產力的——只要沒有東西使他們想起好天氣的話。

> individual〔ͺɪndəˋvɪdʒuəl〕*n.* 個人　　***tend to V.*** 易於…；傾向於…
> ***focus on*** 專注於　　***rather than*** 而不是
> activity〔ækˋtɪvətɪ〕*n.* 活動　　***outside of*** 在…之外
> photo〔ˋfoto〕*n.* 照片　　show〔ʃo〕*v.* 顯示
> outdoor〔ˋaʊtͺdor〕*adj.* 戶外的　　***such as*** 像是
> sailing〔ˋselɪŋ〕*n.* 航海；坐船旅行　　sunny〔ˋsʌnɪ〕*adj.* 晴朗的
> woods〔wʊdz〕*n. pl.* 森林　　greatly〔ˋgretlɪ〕*adv.* 大大地；非常地
> distract〔dɪˋstrækt〕*v.* 使分心　　thus〔ðʌs〕*adv.* 因此 (= *therefore*)
> findings〔ˋfaɪndɪŋz〕*n. pl.* 研究的結果
> conclude〔kənˋklud〕*v.* 下結論；斷定
> actually〔ˋæktʃuəlɪ〕*adv.* 事實上　　most〔most〕*adv.* 非常地
> productive〔prəˋdʌktɪv〕*adj.* 有生產力的　　lousy〔ˋlauzɪ〕*adj.* 差勁的
> ***only if*** 只要　　remind〔rɪˋmaɪnd〕*v.* 提醒；使想起 < *of* >

29. (**C**) 依句意，選 (C) *engage in*「從事；參與」。而 (A) break off「突然停止；
斷絕（關係）」，(B) approve of「贊成」，(D) take over「接管」，則不合
句意。

30. (**B**) 這種戶外活動的照片，很可能會使員工分心，因而「降低」生產力，
選 (B) *lower*。而 (A) reform〔rɪˋfɔrm〕*v.* 改革，(C) switch〔swɪtʃ〕*v.*
轉變；轉換，(D) demand〔dɪˋmænd〕*v.* 要求，則不合句意。

三、文意選填：

第 31 至 40 題為題組

The widespread popularity of onions is not limited to modern-day kitchens. There is evidence of onions being used for culinary and medicinal purposes all over the ancient world. Nonetheless, no culture [31.] **(C) admired** onions quite as much as the ancient Egyptians. For them, the onion was not just food or medicine; it held significant [32.] **(G) spiritual** meaning. Onions were considered to be [33.] **(I) symbols** of eternal life. The circle-within-a-circle structure of an onion, for them, [34.] **(A) reflected** the eternity of existence. According to certain documents, ancient Egyptians also used onions for medicinal purposes, but they likely would have viewed the [35.] **(J) healing** power of the vegetable as magical, rather than medical.

洋蔥廣受歡迎並不限於現代的廚房。有證據顯示，洋蔥在古代世界被用於烹飪和醫療。不過，沒有其他文化像古埃及人一樣崇拜洋蔥。對他們來說，洋蔥不只是食物或藥；它還有重要的宗教意義。洋蔥被認為是永生的象徵。它一圈環繞一圈的結構，對埃及人來說，反映了存在的永恆。根據某些文件，古埃及人也用洋蔥作為醫療的用途，但是他們可能把這蔬菜的治癒能力視為魔力，而非療效。

widespread (ˋwaɪdˏsprɛd) adj. 廣泛的；普遍的
popularity (ˏpɑpjəˋlærətɪ) n. 流行；受歡迎　　onion (ˋʌnjən) n. 洋蔥
be limited to 僅限於　　modern-day adj. 現代的
evidence (ˋɛvədəns) n. 證據　　culinary (ˋkjuləˏnɛrɪ) adj. 烹飪的
medicinal (məˋdɪsn̩l) adj. 藥物的；醫藥的
purpose (ˋpɝpəs) n. 目的；用途　　**all over** 遍及
ancient (ˋenʃənt) adj. 古代的　　nonetheless (ˏnʌnðəˋlɛs) adv. 然而
culture (ˋkʌltʃɚ) n. 文化　　admire (ədˋmaɪr) v. 讚賞；崇拜
Egyptian (ɪˋdʒɪpʃən) n. 埃及人　　hold (hold) v. 擁有
significant (sɪgˋnɪfəkənt) adj. 重要的
spiritual (ˋspɪrɪtʃuəl) adj. 精神的；宗教上的
meaning (ˋminɪŋ) n. 意義　　consider (kənˋsɪdɚ) v. 認為
symbol (ˋsɪmbl̩) n. 象徵　　eternal (ɪˋtɝnl̩) adj. 永恆的
circle (ˋsɝkl̩) n. 圓；圈　　structure (ˋstrʌktʃɚ) n. 結構
reflect (rɪˋflɛkt) v. 反映；表達　　eternity (ɪˋtɝnətɪ) n. 永恆
existence (ɪgˋzɪstəns) n. 存在；生存　　certain (ˋsɝtn̩) adj. 某些
document (ˋdɑkjəmənt) n. 文件　　likely (ˋlaɪklɪ) adv. 可能
view A as B 視 A 為 B　　healing (ˋhilɪŋ) adj. 有治療功用的

magical〔'mædʒɪkḷ〕*adj.* 神奇的；不可思議的　　***rather than***　而非
medical〔'mɛdɪkḷ〕*adv.* 醫學的；醫療的

Onions are depicted in many paintings [36.] **(H) discovered** inside pyramids and tombs that span the history of ancient Egypt. They [37.] **(D) functioned** as a funeral offering shown upon the altars of the gods. The dead were buried with onions and onion flowers on or around various [38.] **(B) parts** of their bodies. Mummies have also been found with onions and onion flowers [39.] **(F) decorating** their pelvis, chest, ears, eyes, and feet.

洋蔥在很多畫中都有被描繪到，在跨越古埃及歷史的金字塔和墳墓中可以發現這些畫。它們被當作葬禮的供品放在神壇上。死者和洋蔥共葬，並在他們的屍體各個部分上面或是周圍放洋蔥和洋蔥花。也發現木乃伊有洋蔥或洋蔥花裝飾他們的骨盆、胸部、耳朵、眼睛和腳。

depict〔dɪ'pɪkt〕*v.* 描述；描繪　　painting〔'pentɪŋ〕*n.* 畫
pyramid〔'pɪrəmɪd〕*n.* 金字塔　　tomb〔tum〕*n.* 墳墓；墓穴
span〔spæn〕*v.* 跨越；擴及　　history〔'hɪstrɪ〕*n.* 歷史
Egypt〔'idʒɪpt〕*n.* 埃及　　function〔'fʌŋkʃən〕*v.* 起作用；產生功能
function as 充當；當作　　funeral〔'fjunərəl〕*adj.* 葬禮的
offering〔'ɔfərɪŋ〕*n.* 祭品；供品　　show〔ʃo〕*v.* 陳列
altar〔'ɔltɚ〕*n.* 祭壇；神壇　　***the dead*** 死者（= *dead people*）
bury〔'bɛrɪ〕*v.* 埋葬　　various〔'vɛrɪəs〕*adj.* 各種的　　part〔part〕*n.* 部位
mummy〔'mʌmɪ〕*n.* 木乃伊　　decorate〔'dɛkə,ret〕*v.* 裝飾
pelvis〔'pɛlvɪs〕*n.* 骨盆　　chest〔tʃɛst〕*n.* 胸部

Some scholars theorize that onions may have been used for the dead because it was believed that their strong scent would [40.] **(E) prompt** the dead to breathe again. Other researchers believe it was because onions were known for their special curative properties, which would be helpful in the afterlife.

有些學者提出理論說，當時洋蔥用於死者身上，可能是因為人們相信洋蔥強烈的氣味會促使死者再次呼吸。其他的研究人員相信，這是因為洋蔥以其特殊的療癒性質而聞名，這對來生是有益的。

scholar〔'skɑlɚ〕*n.* 學者　　theorize〔'θiə,raɪz〕*v.* 提出理論；推測
scent〔sɛnt〕*n.* 氣味　　prompt〔prɑmpt〕*v.* 促使；刺激
breathe〔brið〕*v.* 呼吸　　researcher〔rɪ'sɝtʃɚ〕*n.* 研究人員
be known for 因…而聞名　　curative〔'kjurətɪv〕*adj.* 治療的
property〔'prɑpɚtɪ〕*n.* 特性；特質　　helpful〔'hɛlpfəl〕*adj.* 有益的
afterlife〔'æftɚ,laɪf〕*n.* 來生

四、閱讀測驗：

第 41 至 44 題為題組

Is your dog an Einstein or a Charmer? For US $60, a recently-founded company called Dognition will help you learn more about your dog's cognitive traits. It offers an online test telling you about the brain behind the bark.

你的狗是愛因斯坦型，還是巫師型的？花六十美元，最近成立的一間叫「狗識」的公司，將幫助你更了解你家狗的認知特質。它提供線上測試，告訴你狗吠聲背後的狗腦在想什麼。

> Einstein〔ˈaɪnstaɪn〕n. 愛因斯坦型
> Charmer〔ˈtʃɑrmɚ〕n. 巫師型；有魅力的人　　found〔faʊnd〕v. 建立
> recently-founded〔ˈrisn̩tlɪˈfaʊndɪd〕adj. 最近成立的
> Dognition〔dɑgˈnɪʃən〕n. 狗識【公司名稱取自於 cognition〔kɑgˈnɪʃən〕
> 　n. 認知，此公司主要是在幫助飼主了解自己的狗】
> cognitive〔ˈkɑgnətɪv〕adj. 認知的　　trait〔tret〕n. 特質；特點
> offer〔ˈɔfɚ〕v. 提供　　online〔ˈɑnˌlaɪn〕adj. 線上的；網路上的
> brain〔bren〕n. 頭腦　　bark〔bɑrk〕n. 吠叫

Dognition's test measures a dog's intellect in several aspects—from empathy to memory to reasoning skills. But don't expect it to measure your pet's IQ. Dr. Hare, one of the **venture**'s co-founders, says a dog's intelligence can't be described with a single number. Just as humans have a wide range of intelligences, so do dogs. The question is what type your dog relies on more.

「狗識」的測試，是要測量狗在好幾個方面的智力——從同理心、記憶力，到推理技巧。但不要指望它能衡量你家寵物的智商。此企業的共同創立人之一的黑爾博士說，狗的智力不能用單一數字來描述。正如人類具有各種才智，狗也是如此。問題是你的狗依賴哪種類型的才智較多。

> measure〔ˈmɛʒɚ〕v. 測量　　intellect〔ˈɪntl̩ˌɛkt〕n. 智力
> aspect〔ˈæspɛkt〕n. 方面　　empathy〔ˈɛmpəθɪ〕n. 同理心
> memory〔ˈmɛmərɪ〕n. 記憶力
> reasoning〔ˈrizn̩ɪŋ〕n. 推論；推理　　skill〔skɪl〕n. 技能；技巧
> expect〔ɪkˈspɛkt〕v. 期望　　venture〔ˈvɛntʃɚ〕n.（冒險）事業
> IQ〔ˈaɪˈkju〕n. 智商（= Intelligence Quotient）
> co-founder〔koˈfaʊndɚ〕n. 共同創立人
> intelligence〔ɪnˈtɛlədʒəns〕n. 聰明才智；智慧　　*rely on* 依靠；依賴

After you plunk your money down, Dognition's website will take you through a questionnaire about your dog: For example, how excited does your dog get around other dogs, or children? Do fireworks scare your pup? Then, Dognition guides you through tests that are as fun as playing fetch or hide-and-seek. At the end, you get a report of your dog's cognitive profile.

在投下你的錢後，「狗識」網站將帶你做一份關於你家狗的問卷：例如，你的狗與其他的狗或孩子在一起時，會有多興奮？煙火會嚇到你家的幼犬嗎？然後，「狗識」會引導你做測驗，像是玩你丟我撿或捉迷藏一樣有趣。最後，你會得到你家狗的認知概況的報告。

plunk〔plʌŋk〕v. 用力丟下　　***plunk down***（啪地）扔下（錢）付款
questionnaire〔ˌkwɛstʃənˈɛr〕n. 問卷　　firework〔ˈfaɪrˌwɝk〕n. 煙火
pup〔pʌp〕n. 小狗；幼犬　　guide〔gaɪd〕v. 引導；帶領
fetch〔fɛtʃ〕n. 拿；取　　hide-and-seek〔ˈhaɪdˌənˈsik〕n. 捉迷藏
report〔rɪˈport〕n. 報告　　profile〔ˈprofaɪl〕n. 簡介；概況

Your dog could fall into one of nine categories: Ace, Stargazer, Maverick, Charmer, Socialite, Protodog, Einstein, Expert, or Renaissance Dog. That can give you something to brag about on Dognition's Facebook page. It also can shed new light on why dogs do the things they do. For example, a Charmer is a dog that trusts you so much that it would prefer to solve problems using information you give it rather than information it can get with its own eyes.

你的狗可能是屬於九個類型中的其中之一：王牌型、夢想家型、獨行俠型、巫師型、社會名流型、模範生型、愛因斯坦型、專家型，或博學多聞型。這可以給你一些東西在「狗識」的臉書頁頁上誇耀。它也可以解釋，為什麼狗會有某些行為。例如，巫師型是極度信任主人的狗，牠會比較喜歡用你給牠的資訊來解決問題，而不是用自己的眼睛能得到的資訊。

fall into 屬於　　category〔ˈkætəˌgorɪ〕n. 種類
Ace〔es〕n. 王牌型　　Stargazer〔ˈstarˌgezɚ〕n. 夢想家型；占星師
Maverick〔ˈmævərɪk〕n. 獨行俠型；不服從的人
Socialite〔ˈsoʃəˌlaɪt〕n. 社會名流型
Protodog〔ˈprotəˌdɔg〕n. 模範狗；模範生型　　expert〔ˈɛkspɝt〕n. 專家
renaissance〔ˌrɛnəˈzɑns〕adj. 博學多才的；文藝復興的
brag about 誇耀　　***shed light on*** 闡明；解釋清楚

Dognition helps people understand their dogs in ways that they have never been able to do. This new understanding can enrich the relationship between dogs and their owners.

「狗識」能幫助人們，以他們無法做到的方式，去理解他們的狗。這種新的理解可以豐富狗與牠們主人之間的關係。

> ***be able to V.*** 能夠…　　enrich〔ɪn'rɪtʃ〕*v.* 使豐富
> relationship〔rɪ'lessen,ʃɪp〕*n.* 關係　　owner〔'onɚ〕*n.* 物主；所有人

41. (**B**) 本文的第三段主要是關於什麼？
　　(A)「狗識」測試所使用的問卷背後的理論。
　　(B) 在「狗識」網站上評估狗的智力的流程。
　　(C) 藉由付費給「狗識」可得到的產品。
　　(D)「狗識」提供的活動的特色。

> theory〔'θɪərɪ〕*n.* 理論　　procedure〔prə'sidʒɚ〕*n.* 程序
> evaluate〔ɪ'væljʊ,et〕*v.* 評估　　fee〔fi〕*n.* 費用
> characteristic〔,kærɪktə'rɪstɪk〕*n.* 特色

42. (**A**) 根據本文，下列敘述何者為真？
　　(A) 不同的狗會展現不同的智能強項。
　　(B) 狗的認知概況是由九種認知技能所組成。
　　(C)「狗識」測試的目的是要控制狗的行為。
　　(D) 狗的聰明才智可以根據「狗識」測驗的分數來排名。

> display〔dɪ'sple〕*v.* 展現　　strength〔strɛŋθ〕*n.* 強項；優點
> ***be composed of*** 由…組成　　rank〔ræŋk〕*v.* 把…分等級
> ***based on*** 根據

43. (**D**) 下列何者最接近在本文第二段 "venture" 的意思？
　　(A) 創意測量法。　　　　　(B) 冒險嘗試。
　　(C) 非營利組織。　　　　　(D) 新事業。

44. (**C**) 根據文章，巫師型的狗最有可能會做什麼？
　　(A) 盡可能遠離人類。　　　(B) 模仿其他狗解決問題。
　　(C) 依靠主人指出牠的美食在哪裡。
　　(D) 靠自己的感覺來得到牠想要的。

> imitate〔'ɪmə,tet〕*v.* 模仿　　solve〔sɑlv〕*v.* 解決　　***point out*** 指出
> treat〔trit〕*n.* 難得的樂事　　sense〔sɛns〕*n.* 感覺

第 45 至 48 題為題組

　　Capoeira is a martial art that combines elements of fight, acrobatics, drumming, singing, dance, and rituals. It involves a variety of techniques that make use of the hands, feet, legs, arms, and head. Although Capoeira appears dancelike, many of its basic techniques are similar to those in other martial arts.

　　卡波耶拉武術是一種結合了格鬥、特技、擊鼓、歌唱、舞蹈，以及儀式等元素的武術。它包含了各式各樣使用手、腳、腿、手臂，以及頭的技巧。雖然卡波耶拉武術看起來像舞蹈，它的許多基本技巧和其他的武術很相似。

> Capoeira〔͵kɑpə'werɪə〕*n.* 卡波耶拉武術【源自十六世紀，由非洲黑奴發明，是一種結合舞蹈與武術的藝術】
>
> martial〔'mɑrʃəl〕*adj.* 戰爭的；武打的　　***martial art*** 武術
> combine〔kəm'baɪn〕*v.* 結合　　element〔'ɛləmənt〕*n.* 元素
> fight〔faɪt〕*n.* 格鬥；武打　　acrobatics〔͵ækrə'bætɪks〕*n.* 特技
> drumming〔'drʌmɪŋ〕*n.* 擊鼓　　ritual〔'rɪtʃʊəl〕*n.* 儀式
> involve〔ɪn'vɑlv〕*v.* 包含　　***a variety of*** 各式各樣的
> technique〔tɛk'nik〕*n.* 技術　　***make use of*** 使用；利用
> appear〔ə'pɪr〕*v.* 看起來　　dancelike〔'dæns͵laɪk〕*adj.* 像舞蹈的
> basic〔'besɪk〕*adj.* 基本的　　***be similar to*** 和…相似

Capoeira was created nearly 500 years ago in Brazil by African slaves. It is believed that the martial art was connected with tribal fighting in Africa, in which people fought body to body, without weapons, in order to acquire a bride or desired woman. In the sixteenth century, when the Africans were taken from their homes to Brazil against their will and kept in slavery, Capoeira began to take form among the community of slaves for self-defense. But it soon became a strong weapon in the life-or-death struggle against their oppressors. When the slave owners realized the power of Capoeira, they began to punish those who practiced it. Capoeiristas learned to camouflage the forbidden fights with singing, clapping, and dancing as though it were simply entertainment.

　　卡波耶拉武術是在大約五百年前，由巴西的非洲奴隸創造出來的。一般認為，這項武術和非洲的部落戰爭有關，在這些戰鬥中，人們會近身肉搏，不使用武器，為的是要獲得新娘或想要的女人。在十六世紀，當非洲人被迫從家鄉被帶到巴西，並且被當作奴隸時，卡波耶拉武術漸漸在奴隸社群中，為了自我防衛而成形。但很快地，它在對抗壓迫者的生死存亡搏鬥中，變成一項強而有力的武器。當奴隸的擁有者了解到卡波耶拉武術的威力後，開始處罰所有練習這項武術的人。卡波耶拉武術的習武者會學習用歌唱、拍手，以及舞蹈，來偽裝被禁止的格鬥，讓它看起來好像只是娛樂一樣。

nearly (ˈnɪrlɪ) *adv.* 大約　　Brazil (brəˈzɪl) *n.* 巴西
African (ˈæfrɪkən) *adj.* 非洲的　　slave (slev) *n.* 奴隸
It is believed that... 一般認為…　　***be connected with*** 和…有關
tribal (ˈtraɪbl̩) *adj.* 部落的　　fighting (ˈfaɪtɪŋ) *n.* 戰爭
fight body to body 近身肉搏　　weapon (ˈwɛpən) *n.* 武器
in order to 為了　　acquire (əˈkwaɪr) *v.* 獲得
bride (braɪd) *n.* 新娘　　desired (dɪˈzaɪrd) *adj.* 想得到的
century (ˈsɛntʃərɪ) *n.* 世紀　　against (əˈgɛnst) *prep.* 違反
will (wɪl) *n.* 意願　　slavery (ˈslevərɪ) *n.* 奴隸身份
be kept in slavery 被當作奴隸蓄養　　***take form*** 成形
among (əˈmʌŋ) *prep.* 在…之中
community (kəˈmjunətɪ) *n.* 社群；社區
self-defense (ˈsɛlf‚dɪˈfɛns) *n.* 自我防衛
life-or-death *adj.* 生死存亡的；非生即死的　　struggle (ˈstrʌgl̩) *n.* 搏鬥
oppressor (əˈprɛsɚ) *n.* 壓迫者　　realize (ˈrɪəl‚aɪz) *v.* 了解
power (ˈpaʊɚ) *n.* 力量　　punish (ˈpʌnɪʃ) *v.* 處罰
capoeirista (‚kapəɪˈrɪstə) *n.* 從事卡波耶拉武術者 (= *a practitioner*
　of capoeira)　　camouflage (ˈkæmə‚flɑʒ) *v.* 偽裝；掩飾
forbidden (fəˈbɪdn̩) *adj.* 被禁止的　　clapping (ˈklæpɪŋ) *n.* 拍手
as though 就好像　　simply (ˈsɪmplɪ) *adv.* 僅僅是
entertainment (‚ɛntɚˈtenmənt) *n.* 娛樂

At first, Capoeira was considered illegal in Brazil. However, a man known as Mestre Bimba devoted a great deal of time and effort to convincing the Brazilian authorities that Capoeira has great cultural value and should become an official fighting style. He succeeded in his endeavor and transformed the martial art into Brazil's national sport. He and Mestre Pastinha were the first to open schools, and the Capoeira tree grew, spreading its branches across the world. Nowadays, it is performed in movies and music clips. Capoeira is also believed to have influenced several dancing styles like breaking and hip-hop.

　　起初，卡波耶拉武術在巴西被認為是非法的。然而，一位名叫賓巴大師的人，奉獻了大量的時間和努力，說服巴西官方卡波耶拉武術有極大的文化價值，應該成為一種官方的武術類型。他的努力成功了，而且將這項武術轉變成巴西的全國性的運動。他和巴斯奇亞大師首先創立了學校，接著卡波耶拉武術的樹成長茁壯，

在全世界開枝散葉。如今，它在電影和音樂短片中被演出，同時它也被認為影響了好幾種舞蹈的風格，像是地板霹靂舞和嘻哈舞蹈。

　　at first 起初　　illegal〔ɪˋligl〕*adj.* 非法的　　*be known as* 被稱為
　　Mestre Bimba 賓巴大師【卡波耶拉武術的著名代表人物。他建立了一系列
　　　系統化的卡波耶拉武術教育方式，對於推廣與延續卡波耶拉武術有莫大的貢
　　　獻，被譽為現代卡波耶拉武術之父】　　devote〔dɪˋvot〕*v.* 奉獻
　　a great deal of 大量的　　effort〔ˋɛfət〕*n.* 努力
　　convince〔kənˋvɪns〕*v.* 說服；使確信
　　Brazilian〔brəˋzɪljən〕*adj.* 巴西的
　　authorities〔əˋθɔrətɪz〕*n. pl.* 當局　　cultural〔ˋkʌltʃərəl〕*adj.* 文化的
　　value〔ˋvælju〕*n.* 價值　　official〔əˋfɪʃəl〕*adj.* 官方的；正式的
　　style〔staɪl〕*n.* 樣式；類型　　endavor〔ɪnˋdɛvə〕*n.* 努力
　　transform A into B 把A轉變成B　　national〔ˋnæʃənḷ〕*adj.* 全國性的
　　Mestre Pastinha 巴斯奇亞大師　　spread〔sprɛd〕*v.* 伸展；張開
　　branch〔bræntʃ〕*n.* 樹枝　　nowadays〔ˋnaʊəˏdez〕*adv.* 現在
　　perform〔pəˋfɔrm〕*v.* 表演　　clip〔klɪp〕*n.* 短片
　　influence〔ˋɪnfluəns〕*v.* 影響
　　breaking〔ˋbrekɪŋ〕*n.* 地板霹靂舞【街舞的一種，也是第一種嘻哈舞種。
　　　1970年代起源於美國紐約市的布朗克斯區】
　　hip-hop〔ˏhɪpˋhɑp〕*n.* 嘻哈【是1970年代源自紐約市南布朗克斯與哈林區的
　　　非洲裔及拉丁裔青年之間的一種邊緣性次文化，繼而發展壯大成為新興藝術
　　　型態，並席捲全球】

45.(**A**) 本文主要是關於什麼？
　　(A) 卡波耶拉武術的歷史。　　(B) 卡波耶拉武術的價值。
　　(C) 卡波耶拉武術的貢獻。　　(D) 卡波耶拉武術的技術。
　　contribution〔ˏkɑntrəˋbjuʃən〕*n.* 貢獻

46.(**C**) 以下何者不可能在卡波耶拉武術的表演中被找到？
　　(A) 擊鼓歌唱。　　(B) 掃腿。
　　(C) 用劍刺。　　(D) 以手搏擊。
　　sweep〔swip〕*v.* 掠過；掃過　　stab〔stæb〕*v.* 刺
　　sword〔sord〕*n.* 劍　　strike〔straɪk〕*v.* 敲打；襲擊

47.(**B**) 作者對於卡波耶拉武術作為一項運動的態度為何？
　　(A) 佩服的。　　(B) 客觀的。
　　(C) 懷疑的。　　(D) 嚴厲的。

attitude〔ˋætə͵tud〕*n.* 態度　　admiring〔ədˋmaɪrɪŋ〕*adj.* 佩服的
objective〔əbˋdʒɛktɪv〕*adj.* 客觀的
doubtful〔ˋdautfəl〕*adj.* 懷疑的　　harsh〔harʃ〕*adj.* 嚴厲的

48.(**D**) 根據本文，以下關於卡波耶拉武術的敘述，何者為真？
(A) 它受到現代的舞蹈風格很大的影響。
(B) 它最初被創造出來時，是一種舞蹈和儀式。
(C) 它主要是被用來保護新娘或是想要的女人。
(D) <u>透過賓巴大師的努力，它在巴西被官方認可。</u>

modern〔ˋmadən〕*adj.* 現代的　　inilially〔ɪˋnɪʃəlɪ〕*adv.* 起初
mainly〔ˋmenlɪ〕*adv.* 主要地
perform〔pəˋfɔrm〕*v.* 實行；做（= *do*）
officially〔əˋfɪʃəlɪ〕*adv.* 官方地　　recognize〔ˋrɛkəg͵naɪz〕*v.* 承認

第 49 至 52 題為題組

Winslow Homer (1836-1910) is regarded by many as the greatest American painter of the nineteenth century. Born and raised in Boston, he began his career at age eighteen in his hometown, working as an apprentice at a printing company. Skilled at drawing, he soon made a name for himself making illustrations for novels, sheet music, magazines, and children's books.

溫斯洛・荷馬（1836-1910），被許多人認為是十九世紀最偉大的美國畫家。出生並成長於波士頓，他十八歲時在家鄉展開他的職業生涯，在一間印刷公司工作擔任學徒。他精通畫畫，很快就用繪製小說、樂譜、雜誌，和童書上的插圖，替自己博得名聲。

Winslow Homer〔ˋwɪnsloˋhomə〕*n.* 溫斯洛・荷馬【美國畫家】
regard〔rɪˋgard〕*v.* 認為　　great〔gret〕*adj.* 偉大的
painter〔ˋpentə〕*n.* 畫家　　born〔bɔrn〕*adj.* 出生的
raised〔rezd〕*adj.* 成長的
Boston〔ˋbɔstn̩〕*n.* 波士頓【美國東岸的城市】
career〔kəˋrɪr〕*n.* 職業生涯　　homwtown〔ˋhomˋtaun〕*n.* 家鄉
work as 擔任　　apprentice〔əˋprɛntɪs〕*n.* 學徒
printing〔ˋprɪntɪŋ〕*n.* 印刷
skilled〔skɪld〕*adj.* 熟練的；精於…的 < *at* >
drawing〔ˋdrɔɪŋ〕*n.* 繪畫　　illustration〔͵ɪləsˋtreʃən〕*n.* 插圖
novel〔ˋnavl̩〕*n.* 小說　　sheet〔ʃit〕*n.*（紙）一張
sheet music（單張）樂譜　　magazine〔͵mægəˋzin〕*n.* 雜誌

He then moved to New York City, where he worked as a freelance illustrator with Harper's Weekly, a popular magazine of the time, and began painting. Homer was assigned to cover the inauguration of President Lincoln and, later, the Civil War. His pictures of the Union troops won international recognition. Homer moved to England and, after a two-year stay, returned to America. He settled permanently in Maine in 1883.

他接著搬到紐約市，在當時深受好評的哈潑週刊擔任自由插畫家，然後開始畫畫。荷馬被指派去報導林肯總統的就職典禮，以及後來的南北戰爭。他的北方軍圖畫贏得國際認可。荷馬搬到英格蘭，待了兩年之後，回到美國。他於1883年永久定居在緬因州。

> move〔muv〕*v.* 搬家　　***New York Ctiy*** 紐約市【位於美國東岸】
> freelance〔'friˈlæns〕*n.* 自由職業者
> illustrator〔'ɪləsˌtretɚ〕*n.* 插畫家　　weekly〔'wiklɪ〕*n.* 週刊
> popular〔'pɑpjəlɚ〕*adj.* 受歡迎的；深受好評的
> assign〔əˈsaɪn〕*v.* 指派　　cover〔'kʌvɚ〕*v.* 報導
> inauguration〔ɪnˌɔgjəˈreʃən〕*n.* 就職典禮
> president〔'prɛzədənt〕*n.* 總統　　civil〔'sɪvḷ〕*adj.* 國內的
> ***Civil War*** （美國）南北戰爭
> ***the Union*** （美國南北戰爭時支持聯邦政府的）北部各州
> troop〔trup〕*n.* 部隊　　***the Union troops*** 北方軍
> win〔wɪn〕*v.* 贏得　　international〔ˌɪntɚˈnæʃənḷ〕*adj.* 國際上的
> recognition〔ˌrɛkəgˈnɪʃən〕*n.* 認可　　England〔'ɪŋglənd〕*n.* 英格蘭
> stay〔ste〕*n.* 停留　　return〔rɪˈtɝn〕*v.* 返回
> settle〔'sɛtḷ〕*v.* 定居　　Maine〔men〕*n.* 緬因州【位於美國東北部】

From the late 1850s until his death in 1910, Winslow Homer produced a body of work distinguished by its thoughtful expression and its independence from artistic conventions. A man of multiple talents, Homer excelled equally in the arts of illustration, oil painting, and watercolor. Many of his works—depictions of children at play and in school, farm girls attending to their work, hunters and their prey—have become classic images of nineteenth-century American life. **Others** speak to more universal themes such as the primal relationship of humans to nature.

從1850年代後期到他於1910年逝世，溫斯洛‧荷馬創作了大量的作品，以其深思熟慮的表達手法和不落俗套的畫法而聞名。荷馬是一位有多項才能的人，他

同樣擅長插畫、油畫和水彩畫等藝術。他的許多作品——描繪在玩耍和在學校的孩童、專注工作的農場女孩、獵人和他們的獵物——已經變成十九世紀美國生活的經典圖像。其他作品提到更多普遍的主題，像是人對自然的最初關係。

produce〔prə'djus〕v. 製造；畫（畫）　　***a body of*** 很多的
work〔wɜk〕n. 作品　　distinguish〔dɪ'stɪŋgwɪʃ〕v. 出名
thoughtful〔'θɔtfəl〕adj. 體貼的；表達思想的
expression〔ɪk'sprɛʃən〕n. 表達
independence〔ˌɪndɪ'pɛndəns〕n. 獨立
independence from 脫離…而獨立　　artistic〔ɑr'tɪstɪk〕adj. 藝術的
convention〔kən'vɛnʃən〕n.（藝術上的）傳統手法
multiple〔'mʌltəpḷ〕adj. 多重的　　talent〔'tælənt〕n. 才能
excel〔ɪk'sɛl〕v. 擅長　　equally〔'ikwəlɪ〕adv. 同樣地
oil painting 油畫　　watercolor〔'wɔtəˌkʌlə〕n. 水彩
depiction〔dɪ'pɪkʃən〕n. 描畫　　***at play*** 在玩　　***attend to*** 專心於
hunter〔'hʌntə〕n. 獵人　　prey〔pre〕n. 獵物
classic〔'klæsɪk〕adj. 經典的　　image〔'ɪmɪdʒ〕n. 形象；畫像
speak to 提及　　universal〔ˌjunə'vɜsḷ〕adj. 普遍的
theme〔θim〕n. 主題　　primal〔'praɪmḷ〕adj. 最初的
nature〔'netʃə〕n. 自然

This two-week exhibition highlights a wide and representative range of Homer's art. It shows his extraordinary career from the battlefields, farmland, and coastal villages of America, to the North Sea fishing village of Cullercoats, the rocky coast of Maine, the Adirondacks, and the Caribbean. The exhibition offers viewers an opportunity to experience and appreciate the breadth of his remarkable artistic achievement.

這場為期兩週的展覽，強調荷馬很多各種具有代表性的藝術作品。這場展覽表現出他從戰場、農地，和美國沿岸村莊，到克勒庫茲的北海漁村、緬因州的岩岸、阿第倫達克山脈，和加勒比海的非凡生涯。展覽提供觀展者一個機會，能體驗和欣賞他廣闊、卓越的藝術成就。

exhibition〔ˌɛksə'bɪʃən〕n. 展覽　　highlight〔'haɪˌlaɪt〕v. 強調
wide〔waɪd〕adj. 廣泛的
representative〔ˌrɛprɪ'zɛntətɪv〕adj. 代表性的
range〔rendʒ〕n.（變動的）範圍；幅度
a wide range of 很多各式各樣的　　show〔ʃo〕v. 表現；展示
extraordinary〔ɪk'strɔrdṇˌɛrɪ〕adj. 不尋常的

battlefield〔'bæt!,fild〕*n.* 戰場　　farmland〔'farm,lænd〕*n.* 農地
coastal〔'kost!〕*adj.* 海岸的　　village〔'vɪlɪdʒ〕*n.* 村莊
the North Sea 北海　　fishing〔'fɪʃɪŋ〕*n.* 漁業
Cullercoats〔'kʌlə,kots〕*n.* 克勒庫茲【位於英國東北部】
rocky〔'rakɪ〕*adj.* 多岩石的　　coast〔kost〕*n.* 海岸
Adirondack〔,ædɪ'randæks〕*n. pl.* 阿第倫達克山脈【位於美國東北部】
Caribbean〔,kærə'biən〕*adj.* 加勒比海的　　offer〔'ɔfə〕*v.* 提供
viewer〔'vjuə〕*n.* 參觀者；觀眾　　opportunity〔,apə'tjunətɪ〕*n.* 機會
experience〔ɪk'spɪrɪəns〕*v.* 體驗　　appreciate〔ə'priʃɪ,et〕*v.* 欣賞
breadth〔brɛdθ〕*n.* 寬（闊）　　remarkable〔rɪ'markəb!〕*adj.* 卓越的
achievement〔ə'tʃivmənt〕*n.* 成就

49.(**B**)　本文最有可能出現在哪裡？
(A) 當代藝術為特色的廣告。　　(B) 美術館網站。
(C) 美籍英裔藝術家的小冊子。　　(D) 探討印刷藝術的百科全書。

ad〔æd〕*n.* 廣告（= *advertisement*）　　feature〔'fitʃə〕*v.* 以…為特色
contemporary〔kən'tɛmpə,rɛrɪ〕*adj.* 當代的
gallery〔'gælərɪ〕*n.* 美術館　　booklet〔'buklɪt〕*n.* 小冊子
on〔an〕*prep.* 關於；論…　　encyclopedia〔ɪn,saɪklə'pidɪə〕*n.* 百科全書

50.(**D**)　關於荷馬的職業生涯，下列何者為真？
(A) 他用生動的英格蘭圖畫獲得國際名聲。
(B) 他被認為是美國藝術史上最偉大的插畫家。
(C) 他的水彩畫比他的插圖和油畫更有名。
(D) 他首先在他的家鄉波士頓以插畫家的身分建立名聲。

achieve〔ə'tʃiv〕*v.*（經努力而）獲得
vivid〔'vɪvɪd〕*adj.* 生動的；栩栩如生的
be better known for 以…而更有名
establish〔ə'stæblɪʃ〕*v.* 建立　　reputation〔,rɛpjə'teʃən〕*n.* 名聲

51.(**A**)　根據本文，以下何者最能說明荷馬藝術作品的特色？
(A) 他的圖畫生動地描繪十九世紀美國人的生活。
(B) 他的藝術作品深切表達受戰爭所害的人們的心聲。
(C) 他的風格確實遵循了他那個時代的藝術傳統。
(D) 他的繪畫經常反映他想逃離社會的渴望。

characterize〔'kærɪktə,raɪz〕*v.* 敘述…的特性
portray〔por'tre〕*v.* 描繪　　express〔ɪk'sprɛs〕*v.* 表達

voice〔vɔɪs〕*n.* 聲音　　***suffer from*** 受⋯所苦　　***conform to*** 遵守
tradition〔trə'dɪʃən〕*n.* 傳統　　constantly〔'kɑnstəntlɪ〕*adv.* 經常
reflect〔rɪ'flɛkt〕*v.* 反映　　escape〔ə'skep〕*v.* 逃走

52. (**C**) 在第三段的 "Others" 指的是什麼？
(A) 其他的藝術家。　　　　　(B) 其他的主題。
(C) 其他的作品。　　　　　　(D) 其他的圖像。

<u>第 53 至 56 題爲題組</u>

　　Tea, the most typical English drink, became established in Britain because of the influence of a foreign princess, Catherine of Braganza, the queen of Charles II. A lover of tea since her childhood in Portugal, she brought tea-drinking to the English royal court and set a trend for the beverage in the seventeenth century.

　　茶是英國最具代表性的飲品，在英國變得普及，是因爲受到一位異國公主的影響，她是布拉干薩王朝的凱薩琳，查理二世的皇后。她從小在葡萄牙的時候就喜愛喝茶，她把喝茶的習慣帶到英國皇室，並在十七世紀創下飲茶的潮流。

typical〔'tɪpɪkl̩〕*adj.* 典型的；有代表性的　　drink〔drɪŋk〕*n.* 飲料
established〔ə'stæblɪʃt〕*adj.* 確立的；被接受的；普遍的
Britain〔'brɪtn̩〕*n.* 英國　　influence〔'ɪnfluəns〕*n.* 影響
foreign〔'fɔrɪn〕*adj.* 外國的　　princess〔'prɪnsɪs〕*n.* 公主
Braganza〔brə'gænzə〕*n.* 布拉干薩王朝【1640–1910 年間統治葡萄牙王國
　的葡萄牙最後的王朝，包括兩位巴西帝國的皇帝】
Charles II 查理二世【1630–1685 年蘇格蘭及英格蘭、愛爾蘭國王】
Portugal〔'portʃəgl̩〕*n.* 葡萄牙　　royal〔'rɔɪəl〕*adj.* 王室的；皇家的
court〔kɔrt〕*n.* 宮廷　　***royal court*** 皇室　　trend〔trɛnd〕*n.* 趨勢；流行
set a trend 創造流行　　beverage〔'bɛvərɪdʒ〕*n.* 飲料

　　The fashion soon spread beyond the circle of the nobility to the middle classes, and tea became a popular drink at the London coffee houses where people met to do business and discuss events of the day. Many employers served a cup of tea to their workers in the middle of the morning, thus inventing **a lasting British institution**, the "tea break." However, drinking tea in social settings outside the workplace was beyond the means of the majority of British people. It came with a high price tag and tea was taxed as well.

　　這樣的流行很快就從貴族圈傳到了中產階級，而茶也變成倫敦的咖啡廳熱門的飲品，人們都在這裡見面做生意和討論當天發生的事。很多雇主會在早晨期間提供一杯茶給員工，因此創造了一個**英國長久以來的習俗**——「茶點時間」。然而，喝茶在工作場合以外的社交場所，並不是大多數英國人可以負擔得起的。茶的價格很高，而且要課稅。

fashion〔'fæʃən〕*n.* 時尚；流行　　spread〔sprɛd〕*v.* 擴散；散播
circle〔'sɝkḷ〕*n.* 圈；範圍　　nobility〔no'bɪlətɪ〕*n.* 貴族
middle class 中產階級　　***coffee house*** 咖啡廳
do business 做生意　　event〔ɪ'vɛnt〕*n.* 事情；事件
employer〔ɪm'plɔɪɚ〕*n.* 雇主；老闆　　serve〔sɝv〕*v.* 供應
in the middle of 在…的中間　　thus〔ðʌs〕*adv.* 因此
invent〔ɪn'vɛnt〕*v.* 發明　　lasting〔'læstɪŋ〕*adj.* 持久的
institution〔ˌɪnstə'tjuʃən〕*n.* 設立；慣例　　***tea break*** 茶歇；茶點時間
social〔'soʃəl〕*adj.* 社會的；社交的　　setting〔'sɛtɪŋ〕*n.* 環境；地點
outside〔aʊt'saɪd〕*prep.* 在…之外　　workplace〔'wɝk͵ples〕*n.* 工作場所
means〔minz〕*n. pl.* 收入；財富　　majority〔mə'dʒɔrətɪ〕*n.* 大多數
come with 附帶；伴隨　　tag〔tæg〕*n.* 標籤
price tag 價格　　tax〔tæks〕*v.* 對…課稅　　***as well*** 也（= *too*）

　　Around 1800, the seventh Duchess of Bedford, Anne Maria, began the popular practice of "afternoon tea," a ceremony taking place at about four o'clock. Until then, people did not usually eat or drink anything between lunch and dinner. At approximately the same time, the Earl of Sandwich popularized a new way of eating bread—in thin slices, with something (e.g., jam or cucumbers) between them. Before long, a small meal at the end of the afternoon, involving tea and sandwiches, had become part of the British way of life.

　　大約在1800年，貝德福第七任的公爵夫人，安·瑪麗亞，開創了「下午茶」這個非常受歡迎的習俗，這儀式大約在下午四點舉行。在那之前，人們通常不會在午餐和晚餐之間吃或喝任何東西。大約在同一個時間，三明治伯爵也使一項吃麵包的新方式變得普及——將麵包切成薄片，中間夾東西（例如果醬或黃瓜）。不久，在下午結束的時候，吃個小餐點，包含茶和三明治，已經變成英國生活方式的一部分。

around〔ə'raʊnd〕*prep.* 大約　　duchess〔'dʌtʃɪs〕*n.* 公爵夫人
Bedford〔'bɛdfɚd〕*n.* 貝德福【位於東英格蘭】
Anne Maria〔'ænmə'raɪə〕*n.* 安·瑪麗亞

practice〔'præktɪs〕*n.* 風俗；習慣　　***afternoon tea*** 下午茶
ceremony〔'sɛrə,monɪ〕*n.* 儀式；典禮　　***take place*** 舉行；發生
until then 在那之前　　approximately〔ə'prɑksəmɪtlɪ〕*adv.* 大約
at the same time 同時　　earl〔ɝl〕*n.* 伯爵
Sandwich〔'sændwɪtʃ〕*n.* 三明治【位於英格蘭東南方，或翻譯成「桑威治」】
popularize〔'pɑpjələ,raɪz〕*v.* 使普及；推廣　　slice〔slaɪs〕*n.* 片
e.g. 例如（= *exempli gratia*）　　jam〔dʒæm〕*n.* 果醬
cucumber〔'kjukʌmbɚ〕*n.* 黃瓜　　***before long*** 不久
meal〔mil〕*n.* 一餐　　involve〔ɪn'vɑlv〕*v.* 包含

As tea became much cheaper during the nineteenth century, its popularity spread right through all corners of the British society. Thus, tea became Britain's favorite drink. In working-class households, it was served with the main meal of the day, eaten when workers returned home after a day's labor. This meal has become known as "high tea."

隨著茶在十九世紀變得更便宜，英國社會的各個角落都流行喝茶。因此，茶變成英國最喜愛的飲品。在勞工階級的家庭，茶是伴隨著當天的主餐一起上的，在勞工工作一整天後，回家的時候吃的。這一餐就變成所謂的「傍晚茶」。

popularity〔,pɑpjə'lærətɪ〕*n.* 流行　　right〔raɪt〕*adv.* 完全
through〔θru〕*prep.* 遍及　　corners〔'kɔrnɚz〕*n. pl.* 角落；地方；各處
working-class *adj.* 勞工階級的　　household〔'haʊs,hold〕*n.* 家庭
main〔men〕*adj.* 主要的　　***main meal*** 主餐
labor〔'lebɚ〕*v.* 勞動　　***be known as*** 被稱為　　***high tea*** 傍晚茶

Today, tea can be drunk at any time of the day, and accounts for over two-fifths of all beverages consumed in Britain—with the exception of water.

現在，茶可以在一天的任何時候喝，而且佔了英國除了水以外，所有飲料的五分之二強。

account for 佔…　　consume〔kən'sum〕*v.* 吃；喝
exception〔ɪk'sɛpʃən〕*n.* 例外
with the exception of 除了…之外（= *except*）

53.(**C**) 本文的段落是如何安排的？
　　(A) 藉由因果關係。　　　　(B) 以重要性排列。
　　(C) 以時間順序。　　　　　(D) 比較跟對比。

organize〔'ɔrgən,aɪz〕*v.* 組織；安排　　***cause and effect*** 因果關係

in the order of 以…的順序   sequence〔'sikwəns〕*n.* 順序
comparison〔kəm'pærəsn̩〕*n.* 比較；對照
contrast〔'kɑntræst〕*n.* 對照；對比

54.(**B**) 第一段的片語 "**a lasting British institution**" 是什麼意思？
    (A) 最受歡迎的英國機構。   (B) <u>在英國存在已久的傳統。</u>
    (C) 倫敦最後的一家茶葉公司。   (D) 一間歷史悠久的英國公司。

    phrase〔frez〕*n.* 片語
    organization〔ˌɔrgənə'zeʃən〕*n.* 組織；機構
    long-standing *adj.* 存在已久的
    the UK 英國（ = *the United Kingdom* ）
    well-established *adj.* 歷史悠久的；久負盛名的

55.(**D**) 根據本文，為何在十七世紀，茶「不」是日常生活普遍的飲品？
    (A) 茶只在倫敦的咖啡廳有供應。
    (B) 茶和含酒精的飲料一樣，都要課稅。
    (C) 在商業場合以外，茶是被禁止的。
    (D) <u>對大多數的人來說，茶太貴了。</u>

    common〔'kɑmən〕*adj.* 常見的；普遍的
    everyday life 日常生活   alcoholic〔ˌælkə'hɔlɪk〕*adj.* 含酒精的

56.(**A**) 根據本文，下列何者為真？
    (A) <u>在十九世紀，傍晚茶比下午茶供應的時間晚。</u>
    (B) 英國人在十八世紀時，一天有兩次的茶點時間。
    (C) 凱薩琳公主在拜訪葡萄牙後把茶帶到英國。
    (D) 三明治伯爵開創了下午茶的傳統。

第貳部分：非選擇題

一、中譯英

1. 玉山（Jade Mountain）在冬天常常覆蓋著厚厚的積雪，使整個山頂閃耀如玉。

Jade Mountain is often covered $\left\{\begin{array}{l} \text{by} \\ \text{with} \end{array}\right\}$ thick snow $\left\{\begin{array}{l} \text{in winter} \\ \text{in the winter} \end{array}\right\}$,

making its whole $\left\{\begin{array}{l} \text{peak} \\ \text{top} \end{array}\right\}$ sparkle like jade.

2. 征服玉山一直是國內外登山者最困難的挑戰之一。

Conquering Jade Mountain has been one of the $\left\{ \begin{array}{l} \text{greatest} \\ \text{toughest} \\ \text{most difficult} \end{array} \right\}$

challenges for climbers $\left\{ \begin{array}{l} \text{at home} \\ \text{domestically} \end{array} \right\}$ and $\left\{ \begin{array}{l} \text{abroad.} \\ \text{overseas.} \end{array} \right\}$

二、英文作文：

A Trip to the Amusement Park

　　The Martin family had been planning their trip to the amusement park for a long time. They were very excited as they packed up their van to make the long drive. ***However***, once they hit the road, they were greeted by heavy traffic on the highway. The drive took three times longer than it should have. ***To make matters worse***, arriving at the amusement park, they found the place was swarming with crowds of people waiting to enter. And more people were arriving ***by the minute!***

　　Mr. Martin was furious for a couple of reasons, ***but*** mainly that they hadn't anticipated the crowds and the bad traffic, and left earlier in the morning. ***After all***, it was a holiday weekend. ***On the other hand***, the Martin kids were simply too excited about the trip to turn back now. Now, the only thing to do would be wait in line with everybody else.

Fortunately, the park manager recognized the situation and opened both gates to speed up the entrance process. *In the end*, the Martins gained access to the park and had a wonderful time.

去遊樂園玩

　　長久以來，馬丁一家人一直計畫要去遊樂園玩。當他們將行李打包好裝上廂型車，準備要長途開車時，覺得非常興奮。不過，當他們一上路，就遇到公路上大量的車潮。這趟車程所花的時間是平常的三倍。更糟的是，到達遊樂園時，他們發現那裡擠滿了人潮，等著要入園。而且每時每刻都湧入更多的人！

　　馬丁先生非常憤怒，原因有好幾個，不過最主要的是，他們沒預料到會有大批人潮和擁擠的交通而早一點出門。畢竟，這是個連假週末。另一方面，馬丁家的小孩對這趟行程感到非常興奮，不可能現在回去。現在唯一能做的，就是跟其他人一樣排隊。幸好，遊樂園的經理認清了這個情況，所以把兩個大門都打開，加快入場的過程。最後，馬丁一家人進入了樂園，並且玩得很愉快。

amusement〔əˋmjuzmənt〕*n.* 娛樂　　***amusement park*** 遊樂園
pack up 打包；收拾　　van〔væn〕*n.* 廂型車
drive〔draɪv〕*n.* 開車出遊；車程　　***hit the road*** 上路；出發
greet〔grit〕*v.* 迎接　　***be greeted by*** 遭遇
heavy traffic 擁擠的交通；塞車
highway〔ˋhaɪ͵we〕*n.* 公路　　time〔taɪm〕*n.* 倍
to make matters worse 更糟的是（ = *what's worse*）
swarm〔swɔrm〕*v.* 充滿著 < *with* >　　crowd〔kraʊd〕*n.* 人群；群眾
by the minute 每時每刻；以每分鐘計算
furious〔ˋfjʊrɪəs〕*adj.* 憤怒的　　***a couple of*** 幾個（ = *several* ）
anticipate〔ænˋtɪsə͵pet〕*v.* 預料　　***after all*** 畢竟
holiday weekend 連假週末　　***on the other hand*** 另一方面
simply〔ˋsɪmplɪ〕*adv.* 真正地；確實　　***turn back*** 往回走
wait in line 排隊　　fortunately〔ˋfɔrtʃənɪtlɪ〕*adv.* 幸運地
recognize〔ˋrɛkəg͵naɪz〕*v.* 認出；認清
gate〔get〕*n.* 大門；出入口　　***speed up*** 加速
entrance〔ˋɛntrəns〕*n.* 入場　　process〔ˋprɑsɛs〕*n.* 過程
in the end 最後　　gain〔gen〕*v.* 得到
access〔ˋæksɛs〕*n.* 進入　　***gain access to*** 進入
have a wonderful time 玩得很愉快（ = *have fun* = *have a good time* ）

106 年學測英文科試題出題來源

題　　號	出　　　　　　　　處
一、詞彙 第 1～15 題	所有各題對錯答案的選項，均出自大考中心編製的「高中常用 7000 字」。
二、綜合測驗 第 16～20 題	改寫自 Stye: A Painful Bump on the Eyelid（針眼：眼皮上的腫痛）， 描述針眼的原因和症狀，以及如何治療。
第 21～25 題	改寫自 Shoe That Grows gives poor kids footwear that fits for years（伴 隨貧窮孩童長大的鞋，可穿好幾年），描寫在非洲地區，隨著孩童的成長， 鞋子不敷使用，而新設計的鞋，可以伸縮長度和寬度，可以穿至少五年。
第 26～30 題 【WHO】	改寫自 Rainmakers: Why Bad Weather Means Good Productivity（祈雨 者：為何壞天氣代表好的生產力），描述雖然好天氣可以帶來正面思考， 雨天帶來焦慮和疲憊，但是事實上，根據實驗結果，壞天氣反而促使工 人專注在工作，不去想好天氣的活動。。
三、文意選填 第 31～40 題	改寫自 Onions in Ancient Egypt（古埃及的洋蔥），描寫洋蔥在古埃及如 何受到重視，除了作為食物和藥品，它的外觀被看成永生的象徵，因此 具有神奇宗教力量。
四、閱讀測驗 第 41～44 題 【CBSNEWS】	改寫自 "Dognition" asks, how smart is your dog?（犬認知，問你家狗狗 有多聰明？），描述一個叫「犬認知」的網站，可以用美金 60 元來測試 狗的智商和分類。
第 45～48 題	改寫自 Let's explain what Capoeira is!（讓我們來解釋什麼是卡波耶 拉），敘述卡波耶拉作為一項武術，其像舞蹈的特色，以及起源，曾經是 非法的，而現在是巴西的國家運動。
第 49～52 題	改寫自 Winslow Homer (1836–1910)（溫斯洛・霍默），描述美國十九 世紀的畫家霍默，其身平和功績，擅長插畫、油畫，以及水彩畫。
第 53～56 題	改寫自 A Social History of the Nation's Favourite Drink（該國最受歡迎 飲料的社會歷史），描述茶如何被凱薩琳公主普及於英國，成為國民飲 品，以及下午茶演變的歷史。

【106 年學測】綜合測驗：16-20 出題來源

—— https://www.verywell.com/what-is-an-eye-stye-symptoms-treatment-3422082

Stye
A Painful Bump on the Eyelid

You begin to notice a bit of pain or heaviness in your eyelid each time you blink. You look into the mirror and you barely see a tiny red spot on the base of your lower lashes. If you've ever had a stye, you probably know these symptoms as the beginning of a miserable eye stye.

Although the appearance of a stye can be unsightly at times, it is usually harmless. A stye is a small bump that sometimes appears on the outside or inside of the eyelid.

A stye is also referred to as a hordeolum. A stye develops from an eyelash follicle or an eyelid oil gland that becomes clogged from excess oil, debris or bacteria. Styes can be a complication of blepharitis but also seem to be brought on by stress.

Stye Symptoms

If you have a stye, you may be suffering from watery eyes, pain, tenderness, itching, or redness. Your eye may feel bruised and sensitive to light. You may notice your blinking rhythm, as each blink feels a little different than usual. You may also notice a reddish bump on your eyelid. If your stye is severe, you may develop an internal hordeolum. Pus will build up in the center of the stye, causing a yellowish spot that looks similar to a pimple. If the stye is painful, it will feel better once it ruptures and the pus drains.

⋮

【106 年學測】綜合測驗：21-25 出題來源

—http://newatlas.com/shoe-that-grows/37145/

Shoe That Grows gives poor kids footwear that fits for years

For children living in poverty, footwear is one of many problems. Almost as soon as children have received shoes to wear, they're likely to have grown out of them and have to make do with them being too small. The Shoe That Grows changes this. It allows children to adjust its size as their feet grow.

Shoes are hugely important for protecting our feet, especially in places where healthcare provision is limited. In bare feet, an innocuous cut or graze can easily become infected or pick up soil-transmitted diseases. Unfortunately, shoes are not always readily available for those living in poverty, let alone shoes that are the right size. Kenton Lee, founder of poverty charity Because International, saw this first-hand during a trip to Nairobi, Kenya, in 2007. Lee says he saw young children wearing shoes that were way too small for them, with their their toes poking out of the ends. The experience led to the development of The Shoe That Grows. The shoe has a flexible compressed rubber sole and adjustable leather straps that fit over the top of the foot and around the rear of the heel.

⋮

【106 年學測】綜合測驗：26-30 出題來源

——http://www.hbs.edu/faculty/Publication%20Files/13-005.pdf

Rainmakers: Why Bad Weather Means Good Productivity

People believe that weather conditions influence their everyday work life, but to date, little is known about how weather affects individual productivity. Most people believe that bad weather conditions reduce productivity. In this research, we predict and find just the opposite. Drawing on cognitive psychology research, we propose that bad weather increases individual productivity by eliminating potential cognitive distractions resulting from good weather. When the weather is bad, individuals may focus more on their work rather than thinking about activities they could engage in outside of work. We tested our hypotheses using both field and lab data. First, we use field data on employees' productivity from a mid-size bank in Japan, which we then match with daily weather data to investigate the effect of bad weather conditions (in terms of precipitation, visibility, and temperature) on productivity. Second, we use a laboratory experiment to examine the psychological mechanism explaining the relationship between bad weather and increased productivity. Our findings support our proposed model and suggest that worker productivity is higher on bad rather than good weather days. We discuss the implications of our findings for workers and managers.

⋮

【106 年學測】文意選填：31-40 出題來源

—http://classroom.synonym.com/onions-ancient-egypt-13802.html

Onions in Ancient Egypt

The widespread popularity of the onion is not limited to modern-day kitchens. There is evidence of onions being used for culinary and medicinal purposes all over the ancient world. No culture revered the onion quite as much as the ancient Egyptians. For them, the onion was not just food or medicine; it held deep spiritual power and purpose.

Evidence of Ancient Egyptian Onions

Onions are depicted in many paintings found inside pyramids and tombs that span the history of ancient Egypt. The paintings show onions being consumed at feasts, as funeral offerings, on altars and in the hands of priests. Various types of onions are shown, from young, green onions to large yellow ones, and both the leaves and the roots were used. Onions themselves do not leave a large archeological footprint, as they are small and leave little residue after decomposing. But traces of onions have been found in ancient Egyptian tombs.

Culinary Uses

Along with bread and fish, onions were a basic dietary staple for all ancient Egyptians, rich and poor alike. Kitchen gardens were common in most ancient Egyptian households, where vegetables, including onions, were grown year-round to sustain the family. Onions were a very easy vegetable to cultivate, and they had a long shelf life and were easily preserved, making them a food source that ancient Egyptians could always count on.

Medical Uses

Onions have antiseptic and antibacterial compounds that many ancient cultures discovered and made use of. The ancient Egyptians used onions for medicinal purposes, but they likely would have viewed the vegetable's curative power as magical, rather than medical. One unique use of the onion devised by the ancient Egyptians is in a test for pregnancy. A woman would insert an onion in her vagina, and if her breath smelled like onions the next day, it would indicate pregnancy. This test has not been replicated in modern times, so its accuracy is unknown.

Spiritual Significance

Ancient Egyptians worshiped onions as symbols of eternal life. The concentric layers of an onion reflected the eternity of existence. The dead were buried with onions and onion flowers on or around various parts of their bodies, and mummies have been found with onions adorning their pelvis, chest, ears, eyes and feet. King Ramses IV was found with onions in his eye sockets. Ancient Egyptians may have seen the healing properties of onions as helpful in the afterlife.

【106 年學測】閱讀測驗：41-44 出題來源

——http://www.cbsnews.com/news/dognition-asks-how-smart-is-your-dog/

"Dognition" asks, how smart is your dog?

Is your doggy a dummy? Probably not. Most dogs are adept at simple problem solving and recognizing commands. But if you want to put your pet to the test, a new company has you covered. Started by a professor at Duke University,Dognition is a web app that allows you to test your dog's cognitive skills and record the results.

Purchasing the app allows users to run their dogs through a series of what Dr. Brian Hare calls "fun, science-based games." The tests are playful ways to measure a dog's intellect on several fronts -- from empathy to memory to reasoning skills.

"We've had a revolution in our understanding of animal psychology," Dr. Hare told CBS News. He and his team have been using the tests offered by Dognition for years to analyze canine intelligence. "We wanted to give people the same opportunity to play these games with their dogs."

Just as humans have a wide array of intelligences, so too do dogs. Dr. Hare and his team hope to gather the data from Dognition and analyze why some dogs are, say, better communicators than others. It could also help to answer broader questions, such as whether intelligence varies with breeds of dogs.

Of course, even the smartest Fido is only so smart. Compared to chimpanzees or bonobos, who are genetically closer to humans, dogs have a hard time with most fields of intelligence. It's why, for example, dogs are stumped when their leash gets tangled in a tree. But dogs excel at understanding humans' intent to communicate.

For $60, dog owners are being offered "a set of games that help people look at how their dogs solve problems in each of these different ways of intelligence," according to Hare.

【106 年學測】閱讀測驗：45-48 出題來源

——http://www.capoeira-world.com/about-capoeira/what-is-capoeira/

Let's explain what Capoeira is!

Capoeira is a martial art that combines elements of fight, acrobatics, music, dance and rituals in a very elegant and magnetic way. Performed by two people, it is often called the "Capoeira game" and is played, not a fought. Capoeira is always played with a smile on one's face, symbolizing that the capoeiristas are not afraid of the danger that is coming.

The uniqueness of Capoeira will give your body physical strength, power and flexibility and your mind self-confidence, concentration, courage and creativity. I've heard many people say that Capoeira is one of the best things that happened in their life. However, the only way to truly understand the magnetism of Capoeira is to see it and try it yourself.

Capoeira History

Although there are few official history records, it is known that Capoeira was created nearly 500 years ago in Brazil by African slaves (mainly from Angola). Taken from their homes against their will and kept in slavery, they started inventing fighting techniques for self-defense. To hide their combats from their captors, the African slaves used their traditional music, singing and dancing. Thus, Capoeira continued its development and soon became not only for self-defense but for rebellion.

Capoeira Through the Years

At first, Capoeira was considered illegal in Brazil and anyone who played was arrested. However, a man known as Mestre Bimbadid not let Capoeira down. He put great efforts into convincing the Brazilian authorities that Capoeira has a great cultural value and should become an official fighting style. He succeeded in his endeavor and created the Capoeira Regional style. In 1932 he created the first Capoeira School – Academia-escola de Capoeira Regional at the Engenho de Brotas in Salvador-Bahia. Thus, Mestre Bimba made what was once considered illegal an official martial art.

In 1942 the first Capoeira Angola school – Centro Esportivo de Capoeira – was createdby Mestre Pastinha. At this time, Capoeira was still practiced by poor black Brazilians. A few years later, however, a few Capoeira Mestres began to teach Capoeira in the United States and Europe.

Capoeira Today

Nowadays, Capoeira is a well known and very popular martial art all over the world. It is often included in school and university programs. You will see it in movies, music clips, etc. It is also known that Capoeira has influenced several dancing styles like break and hip-hop.

Although, Capoeira has changed over the years, the two main Capoeira styles – Capoeira Angola and Capoeira Regional continue to be practiced in the today's Capoeira Schools.

【106 年學測】閱讀測驗：49-52 出題來源

——http://www.metmuseum.org/toah/hd/homr/hd_homr.htm

Winslow Homer (1836–1910)

Winslow Homer (1836–1910) is regarded by many as the greatest American painter of the nineteenth century. Born in Boston and raised in rural Cambridge, he began his career as a commercial printmaker, first in Boston and then in New York, where he settled in 1859. He briefly studied oil painting in the spring of 1861. In October of the same year, he was sent to the front in Virginia as an artist-correspondent for the new illustrated journal, *Harper's Weekly*. Homer's earliest Civil War paintings, dating from about 1863, are anecdotal, like his prints. As the war drew to a close, however, such canvases as *The Veteran in a New Field* (67.187.131) and *Prisoners from the Front* (22.207) reflect a more profound understanding of the war's impact and meaning.

For Homer, the late 1860s and the 1870s were a time of artistic experimentation and prolific and varied output. He resided in New York City, making his living chiefly by designing magazine illustrations and building his reputation as a painter, but he found his subjects in the increasingly popular seaside resorts in Massachusetts and New Jersey, and in the Adirondacks, rural New York State, and the White Mountains of New Hampshire. Late in 1866, motivated probably by the chance to see two of his Civil War paintings at the Exposition Universelle, Homer had begun a ten-month sojourn in Parisand the French countryside.

⋮

【106 年學測】閱讀測驗：53-56 出題來源

——https://www.tea.co.uk/a-social-history

A Social History of the Nation's Favourite Drink

The origins of tea in UK society

A cup of tea is a vital part of everyday life for the majority of people in modern Britain - in fact tea is so integral to our routine, that it is difficult to imagine life without it! But it was not always so; tea was once a luxury product that only the rich could afford, and at one time there was even a debate about whether it might be bad for the health. It was over the course of several hundred years that tea gained its place as our national drink, and only relatively recently that its health-giving properties have been recognised.

Tea first became established in Britain because of the influence of a foreign princess, Catherine of Braganza, the queen of Charles II. A lover of tea since her childhood in Portugal, she brought tea-drinking to the English royal court, and set a trend for the beverage among the aristocracy of England in the seventeenth century.

Tea at seventeenth century London Coffee Houses

The fashion soon spread beyond these elite circles to the middle classes, and it became a popular drink at the London coffee houses where wealthy men met to do business and discuss the events of the day. But the tea that was being drunk in those seventeenth century coffee houses would probably be considered undrinkable now. Between 1660 and 1689, tea sold in coffee houses was taxed in liquid form. The whole of the day's tea would be brewed in the morning, taxed by a visiting excise officer, and then kept in barrels and reheated as necessary throughout the rest of the day. So a visitor to the coffee house in the late afternoon would be drinking tea that had been made hours before in the early morning! The quality of the drink improved after 1689, when the system of taxation was altered so that tea was taxed by the leaf rather than by the liquid.

Tea for the wealthy and the advent of tea parties

Some coffee houses also sold tea in loose leaf form so that it could be brewed at home. This meant that it could be enjoyed by women, who did not frequent coffee houses. Since it was relatively expensive, tea-drinking in the home must have been largely confined to wealthier households, where women would gather for tea parties. Such a party would be a genteel social occasion, using delicate china pots and cups, silver tea kettles and elegantly carved tea jars and tea tables. All the equipment would be set up by the servants, and then the tea would be brewed by the hostess (aided by a servant on hand to bring hot water) and served by her to her guests in dainty cups. Both green and black teas were popular, and sugar was frequently added (though like tea, this was an expensive import); in the seventeenth century though, it was still unusual for milk to be added to the beverage. We can imagine then that while seventeenth century men were at the coffee houses drinking tea and exchanging gossip, their wives gathered at one another's homes to do exactly the same thing - just in a more refined atmosphere!

⋮

106 年大學入學學科能力測驗試題
數學考科

第壹部分：選擇題（占 65 分）

一、單選題（占 35 分）

說明：第 1 題至第 7 題，每題有 5 個選項，其中只有一個是正確或最適當的選項，請畫記在答案卡之「選擇（填）題答案區」。各題答對者，得 5 分；答錯、未作答或畫記多於一個選項者，該題以零分計算。

1. 已知某校老師玩過「寶可夢」的比率為 r_1，而學生玩過的比率為 r_2，其中 $r_1 \neq r_2$。由下列選項中的資訊，請選出可以判定全校師生玩過「寶可夢」的比率之選項。

   (1) 全校老師與學生比率　　　(2) 全校老師人數

   (3) 全校學生人數　　　　　　(4) 全校師生人數

   (5) 全校師生玩過「寶可夢」人數

2. 某個手機程式，每次點擊螢幕上的數 a 後，螢幕上的數會變成 a^2。當一開始時螢幕上的數 b 為正且連續點擊螢幕三次後，螢幕上的數接近 81^3。試問實數 b 最接近下列哪一個選項？

   (1) 1.7　　　(2) 3　　　(3) 5.2　　　(4) 9　　　(5) 81

3. 設 $\Gamma : \dfrac{y^2}{a^2} - \dfrac{x^2}{b^2} = 1$ 為坐標平面上一雙曲線，且其通過第一象限的漸近線為 ℓ。考慮動點 (t, t^2)，從時間 $t = 0$ 時出發。當 $t > 0$ 時，請選出正確的選項。

   (1) 此動點不會碰到 Γ，也不會碰到 ℓ

⑵ 此動點會碰到 Γ，但不會碰到 ℓ

⑶ 此動點會碰到 ℓ，但不會碰到 Γ

⑷ 此動點會先碰到 Γ，再碰到 ℓ

⑸ 此動點會先碰到 ℓ，再碰到 Γ

4. 在右下圖的正立方體上有兩質點分別自頂點 A, C 同時出發，各自以等速直線運動分別向頂點 B, D 前進，且在 1 秒後分別同時到達 B, D。請選出這段時間兩質點距離關係的正確選項。

⑴ 兩質點的距離固定不變

⑵ 兩質點的距離越來越小

⑶ 兩質點的距離越來越大

⑷ 在 $\dfrac{1}{2}$ 秒時兩質點的距離最小

⑸ 在 $\dfrac{1}{2}$ 秒時兩質點的距離最大

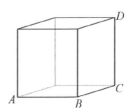

5. 下圖是某城市在 2016 年的各月最低溫（橫軸 x）與最高溫（縱軸 y）的散佈圖。

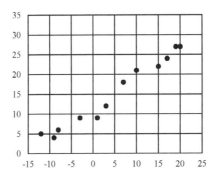

今以溫差（最高溫減最低溫）為橫軸且最高溫為縱軸重新繪製一散佈圖。試依此選出正確的選項。

(1) 最高溫與溫差爲正相關，且它們的相關性比最高溫與最低溫的相關性強

(2) 最高溫與溫差爲正相關，且它們的相關性比最高溫與最低溫的相關性弱

(3) 最高溫與溫差爲負相關，且它們的相關性比最高溫與最低溫的相關性強

(4) 最高溫與溫差爲負相關，且它們的相關性比最高溫與最低溫的相關性弱

(5) 最高溫與溫差爲零相關

6. 試問有多少個實數 x 滿足 $\frac{\pi}{2} \leq x \leq \frac{3\pi}{2}$ 且 $\cos x° \leq \cos x$ ？

(1) 0 個　　(2) 1 個　　(3) 2 個　　(4) 4 個　　(5) 無窮多個

7. 小明想要安排從星期一到星期五共五天的午餐計畫。他的餐點共有四種選擇：牛肉麵、大滷麵、咖哩飯及排骨飯。小明想要依據下列兩原則來安排他的午餐：

（甲）每天只選一種餐點但這五天中每一種餐點至少各點一次

（乙）連續兩天的餐點不能重複且不連續兩天吃麵食

根據上述原則，小明這五天共有幾種不同的午餐計畫？

(1) 52　　　(2) 60　　　(3) 68　　　(4) 76　　　(5) 84

二、多選題（占 30 分）

說明：第 8 題至第 13 題，每題有 5 個選項，其中至少有一個是正確的選項，請將正確選項畫記在答案卡之「選擇（填）題答案區」。各題之選項獨立判定，所有選項均答對者，得 5 分；答錯 1 個選項者，得 3 分；答錯 2 個選項者，得 1 分；答錯多於 2 個選項或所有選項均未作答者，該題以零分計算。

8. 設 m, n 為小於或等於 4 的相異正整數且 a, b 為非零實數。已知函數 $f(x) = ax^m$ 與函數 $g(x) = bx^n$ 的圖形恰有 3 個相異交點，請選出可能的選項。

(1) m, n 皆為偶數且 a, b 同號

(2) m, n 皆為偶數且 a, b 異號

(3) m, n 皆為奇數且 a, b 同號

(4) m, n 皆為奇數且 a, b 異號

(5) m, n 為一奇一偶

9. 設 Γ 為坐標平面上的圓，點 $(0,0)$ 在 Γ 的外部且點 $(2,6)$ 在 Γ 的內部。請選出正確的選項。

(1) Γ 的圓心不可能在第二象限

(2) Γ 的圓心可能在第三象限且此時 Γ 的半徑必定大於 10

(3) Γ 的圓心可能在第一象限且此時 Γ 的半徑必定小於 10

(4) Γ 的圓心可能在 x 軸上且此時圓心的 x 坐標必定小於 10

(5) Γ 的圓心可能在第四象限且此時 Γ 的半徑必定大於 10

10. 坐標空間中有三直線 $L_1 : \dfrac{x-1}{2} = \dfrac{y+1}{2} = \dfrac{z}{1}$ ，$L_2 : \begin{cases} x - 2y + 2z = -4 \\ x + y - 4z = 5 \end{cases}$ ，

$L_3 : \begin{cases} x = -t \\ y = -2 - t \\ z = 4 + 4t \end{cases}$ ，t 為實數。請選出正確的選項。

(1) L_1 與 L_2 的方向向量互相垂直

(2) L_1 與 L_3 的方向向量互相垂直

(3) 有一個平面同時包含 L_1 與 L_2

(4) 有一個平面同時包含 L_1 與 L_3

(5) 有一個平面同時包含 L_2 與 L_3

11. 最近數學家發現一種新的可以無縫密鋪平面的凸五邊形 *ABCDE*，其示意圖如下。關於這五邊形，請選出正確的選項。

(1) $\overline{AD} = 2\sqrt{2}$

(2) $\angle DAB = 45°$

(3) $\overline{BD} = 2\sqrt{6}$

(4) $\angle ABD = 45°$

(5) $\triangle BCD$ 的面積為 $2\sqrt{2}$

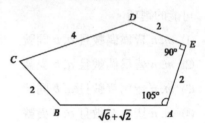

12. 某班級 50 位學生，段考國文、英文、數學及格的人數分別為 45、39、34 人，且英文及格的學生國文也都及格。現假設數學和英文皆及格的有 *x* 人，數學及格但英文不及格的有 *y* 人。請選出正確的選項。

(1) $x + y = 39$

(2) $y \leq 1$

(3) 三科中至少有一科不及格的學生有 $39 - x + y$ 人

(4) 三科中至少有一科不及格的學生最少有 11 人

(5) 三科中至少有一科不及格的學生最多有 27 人

13. 空間中有一四面體 *ABCD*。假設 $\overrightarrow{AD}$ 分別與 $\overrightarrow{AB}$ 和 $\overrightarrow{AC}$ 垂直，請選出正確的選項。

(1) $\overrightarrow{DB} \cdot \overrightarrow{DC} = \overrightarrow{DA}^2 - \overrightarrow{AB} \cdot \overrightarrow{AC}$

(2) 若 $\angle BAC$ 是直角，則 $\angle BDC$ 是直角

(3) 若 $\angle BAC$ 是銳角，則 $\angle BDC$ 是銳角

(4) 若 $\angle BAC$ 是鈍角，則 $\angle BDC$ 是鈍角

(5) 若 $\overline{AB} < \overline{DA}$ 且 $\overline{AC} < \overline{DA}$，則 $\angle BDC$ 是銳角

第貳部分：選填題 (占 35 分)

說明：1. 第 A 至 G 題，將答案畫記在答案卡之「選擇（填）題答案區」所標示的列號（14–34）。

　　　2. 每題完全答對給 5 分，答錯不倒扣，未完全答對不給分。

A. 遞迴數列 $\langle a_n \rangle$ 滿足 $a_n = a_{n-1} + f(n-2)$，其中 $n \geq 2$ 且 $f(x)$ 為二次多項式。若 $a_1 = 1, a_2 = 2, a_3 = 5, a_4 = 12$，則 $a_5 = $ ⑭⑮ 。

B. 在坐標平面上，$\triangle ABC$ 內有一點 P 滿足 $\overrightarrow{AP} = (\dfrac{4}{3}, \dfrac{5}{6})$ 及

　$\overrightarrow{AP} = \dfrac{1}{2}\overrightarrow{AB} + \dfrac{1}{5}\overrightarrow{AC}$。若 A, P 連線交 $\overline{BC}$ 於 M，

　則 $\overrightarrow{AM} = \dfrac{⑯⑰}{⑱⑲}, \dfrac{⑳㉑}{㉒㉓}$ 。（化成最簡分數）

C. 若 a 為正整數且方程式 $5x^3 + (a+4)x^2 + ax + 1 = 0$ 的根都是有理根，則 $a = $ ㉔ 。

D. 設 $a_1, a_2, \ldots, a_9$ 為等差數列且 k 為實數。

　若方程組 $\begin{cases} a_1 x - a_2 y + 2a_3 z = k+1 \\ a_4 x - a_5 y + 2a_6 z = -k-5 \\ a_7 z - a_8 y + 2a_9 z = k+9 \end{cases}$ 有解，則 $k = $ ㉕㉖ 。

E. 設 a, b, x 皆為正整數且滿足 $a \leq x \leq b$ 及 $b - a = 3$。若用內插法從 $\log a, \log b$ 求得 $\log x$ 的近似值為 $\log x \approx \dfrac{1}{3}\log a + \dfrac{2}{3}\log b$

　$= \dfrac{1}{3}(1 + 2\log 3 - \log 2) + \dfrac{2}{3}(4\log 2 + \log 3)$，則 x 的值為 ㉗㉘ 。

F. 一隻青蛙位於坐標平面的原點，每步隨機朝上、下、左、右跳一單位長，總共跳了四步。青蛙跳了四步後恰回到原點的機率為

為 $\dfrac{㉙}{㉚㉛}$ 。（化成最簡分數）

G. 地面上甲、乙兩人從同一地點同時開始移動。甲以每秒 4 公尺向東等速移動，乙以每秒 3 公尺向北等速移動。在移動不久之後，他們互望的視線被一圓柱體建築物阻擋了 6 秒後才又相見。此圓柱體建築物底圓的直徑為 ㉜㉝.㉞ 公尺。

參考公式及可能用到的數值

1. 首項為 a，公差為 d 的等差數列前 n 項之和為 $S = \dfrac{n(2a+(n-1)d)}{2}$

   首項為 a，公比為 r $(r \neq 1)$ 的等比數列前 n 項之和為 $S = \dfrac{a(1-r^n)}{1-r}$

2. 三角函數的和角公式： $\sin(A+B) = \sin A\cos B + \cos A\sin B$

   $\cos(A+B) = \cos A\cos B - \sin A\sin B$

   $\tan(A+B) = \dfrac{\tan A + \tan B}{1 - \tan A\tan B}$

3. $\triangle ABC$ 的正弦定理： $\dfrac{a}{\sin A} = \dfrac{b}{\sin B} = \dfrac{c}{\sin C} = 2R$

   （ R 為 $\triangle ABC$ 外接圓半徑）

   $\triangle ABC$ 的餘弦定理： $c^2 = a^2 + b^2 - 2ab\cos C$

4. 一維數據 $X : x_1, x_2, \ldots, x_n$,

算術平均數 $\mu_X = \dfrac{1}{n}(x_1 + x_2 + \cdots + x_n) = \dfrac{1}{n}\sum\limits_{i=1}^{n} x_i$

標準差 $\sigma_X = \sqrt{\dfrac{1}{n}\sum\limits_{i=1}^{n}(x_i - \mu_X)^2} = \sqrt{\dfrac{1}{n}((\sum\limits_{i=1}^{n} x_i^2) - n\mu_X^{\ 2})}$

5. 二維數據 $(X, Y) : (x_1, y_1), (x_2, y_2), \ldots, (x_n, y_n)$,

相關係數 $r_{X,Y} = \dfrac{\sum\limits_{i=1}^{n}(x_i - \mu_X)(y_i - \mu_Y)}{n\sigma_X \sigma_Y}$

迴歸直線（最適合直線）方程式 $y - \mu_Y = r_{X,Y} = \dfrac{\sigma_Y}{\sigma_X}(x - \mu_X)$

6. 參考數值： $\sqrt{2} \approx 1.414$, $\sqrt{3} \approx 1.732$, $\sqrt{5} \approx 2.236$, $\sqrt{6} \approx 2.449$,

$\pi \approx 3.142$

7. 對數值： $\log_{10} 2 \approx 0.3010$, $\log_{10} 3 \approx 0.4771$, $\log_{10} 5 \approx 0.6990$,

$\log_{10} 7 \approx 0.8451$

8. 角錐體積 $= \dfrac{1}{3}$ 底面積 × 高

106年度學科能力測驗數學科試題詳解

第壹部分：選擇題

一、單選擇

1. 【答案】(1)

   【解析】 要知道全校老師與學生玩過寶可夢的人數

   只要知道各自佔全校各自比率即可

   如假設老師有 x 人、比率佔有 P_1；

   學生有 y 人、比率佔有 P_2

   故全校師生都有玩過寶可夢的比率

   $$P = \frac{P_1 \cdot x + P_2 \cdot y}{x + y} = p_1 \times \frac{x}{x+y} + p_2 \times \frac{y}{x+y}$$

2. 【答案】(3)

   【解析】 由題意可知 $[(b^2)^2]^2 = 81^3$

   $$\Rightarrow b^8 = 3^{12} \Rightarrow b = 3^{\frac{3}{2}} = 3\sqrt{3} \approx 3 \times 1.732 = 5.196 \quad 故接近 5.2$$

3. 【答案】(5)

   【解析】 假設 $a > 0$，$b > 0$ 討論之

   則雙曲線 $\Gamma : -\dfrac{x^2}{b^2} + \dfrac{y^2}{a^2} = 1$

   且其漸進線方程式為 $y = \pm\dfrac{a}{b}x$

   其中通過第一象限之漸進線為 $y = \dfrac{a}{b}x$

又動點 (t, t^2) 可視為拋物線 $y = x^2$ 之參數式

故可作圖，可知動點會先碰到 ℓ，再碰到 Γ

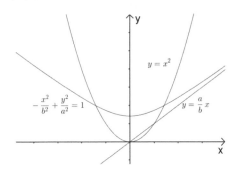

4. 【答案】(4)

【解析】定義坐標係 $A(0,0,0)$、$B(1,0,0)$、$C(1,1,0)$、$D(1,1,1)$

令自 A 點出發的質點為 P、自 C 點出發的質點為 Q

由題意可知 t 秒後兩點位置分別為 $P(t,0,0)$、$Q(1,1,t)$

其中 $0 \le t \le 1$　故此兩點間距離

$$\overline{PQ} = \sqrt{(t-1)^2 + (0-1)^2 + (0-t)^2} = \sqrt{2(t - \frac{1}{2})^2 + \frac{3}{2}}$$

其中 $0 \le t \le 1$ 故當 $t = \dfrac{1}{2}$ 秒時，此兩點之距離為最小

5. 【答案】(4)

【解析】如圖可知，

當最高溫 (y 值) 越高時

其溫差 ($y - x$) 值越小

故最高溫與溫差為負相關

而最高溫與溫差的相關性相較於原來稍弱

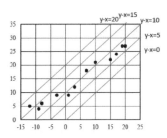

6. 【答案】(1)

【解析】因為 $0° \le \left(\frac{\pi}{2}\right)° \le x° \le \left(\frac{3\pi}{2}\right)° < 60°$ 　此時 $\frac{1}{2} \le \cos x° \le 1$

但 $\frac{\pi}{2} \le x \le \frac{3\pi}{2}$ 時 　$-1 \le \cos x \le 0$

故 $\cos x° \le \cos x$ 不可能發生

7. 【答案】(2)

【解析】由題意可知，必定有一種餐點了兩次，故分兩種情況討論之：

(A) 五天中恰有三天吃麵，則牛肉麵、大滷麵必有一種麵要吃兩天

$$\underset{\substack{\text{牛肉、大滷麵}\\\text{二選一}}}{C_1^2} \times \underset{\substack{\text{咖哩、排骨飯}\\\text{排列}}}{2!} \times \underset{\substack{\text{三空隙選兩個}\\\text{為相同麵}}}{C_2^3} = 12 \text{ 種}$$

(B) 五天中恰有兩點吃麵，則咖哩飯、排骨飯必定有一種飯要吃兩天

$$\underset{\substack{\text{咖哩、排骨飯}\\\text{二選一}}}{C_1^2} \times [\underset{\substack{\text{全部的}\\\text{方法數}}}{\frac{5!}{2!}} - \underset{\substack{\text{連兩天}\\\text{同餐點}}}{4!} - \underset{\substack{\text{連兩天}\\\text{都吃麵}}}{\frac{4!}{2!} \times 2!} +$$

$$\underset{\substack{\text{連兩天同餐點且}\\\text{連兩天都吃麵}}}{3! \times 2!} \quad] = 48 \text{ 種}$$

故有 $12 + 48 = 60$ 種

二、多選題

8. 【答案】(1) (3)

　　【解析】討論 $m > n$ 且 m、n 均為小於或等於 4 的正整數

　　　　　且由題意可知 $\begin{cases} y = f(x) = ax^m \\ y = g(x) = bx^n \end{cases}$ 有三相異交點

　　　　　故代表聯立方程式有三個相異實根

　　　　　即 $ax^m - bx^n = 0$　$\Rightarrow x^n(ax^{m-n} - b) = 0$

　　　　　$x = 0$ 或 $ax^{m-n} - b = 0$ 有三相異實根

　　　　　代表 $ax^{m-n} - b = 0$ 有兩相異實根

　　　　　$x^{m-n} = \dfrac{b}{a} \Rightarrow m - n = 2$（為二次方程）必定成立且 $\dfrac{b}{a} > 0$

　　　　　故 m，n 必為同奇或同偶 且 $ab > 0$

9. 【答案】(5)

　　【解析】由 (0,0) 與 (2,6) 之中垂線

　　　　　方程為 $x + 3y = 10$ 可知

　　　　　(0,0) 在 Γ 之外部、

　　　　　(2,6) 在 Γ 之內部

　　　　　且圓心在 $x + 3y = 10$ 之右半區域

　　　　　(1) 錯誤；圓心可能在第二象限

　　　　　(2) 錯誤；圓心不可能在第三象限

　　　　　(3) 錯誤；半徑不一定要小於 10

　　　　　　　如 $(x - 2)^2 + (y - 16)^2 = 11^2$

　　　　　(4) 錯誤；若圓心在 x 軸上，則圓心坐標必定大於 10

　　　　　(5) 正確；若圓心在第四象限

　　　　　　　此時半徑必定大於 (10,0) 與 (2,6) 兩點之距離

10. 【答案】 (2) (3) (4)

　　【解析】 $L_2 : \begin{cases} x - 2y + 2z = -4 \\ x + y - 4z = 5 \end{cases} \Rightarrow \overrightarrow{L_2} \parallel \overrightarrow{n_1} \times \overrightarrow{n_2} \Rightarrow \overrightarrow{L_2} \parallel (2,2,1)$

　　　　　且點 $(2,3,0) \in L_2$，故 $L_2 : \begin{cases} x = 2 + t \\ y = 3 + 2t \\ z = t \end{cases}$

(1) 錯誤；由 $L_1 \parallel (2,2,1)$ 可知 L_1 與 L_2 方向向量互相平行

(2) 正確；$L_1 \cdot L_3 = (2,2,1) \cdot (-1, -1, 4) = -2 - 2 + 4 = 0$
　　 故可知互相垂直

(3) 正確；因為點 $(2,3,0)$ 在 L_2 上但不在 L_1 上，
　　 故 $L_2 \parallel L_1$ 可決定一平面同時包含 L_1 與 L_2

(4) 正確；因為 L_1 與 L_3 有交點 $(1,-10)$ 故可決定一平面
　　 同時包含 L_1 與 L_3

(5) 錯誤；因為 L_2 與 L_3 沒有交點且不平行，故為歪斜
　　 關係，無法決定一平面

11. 【答案】 (1) (4)

　　【解析】 (1) 由畢氏定理可知 $\overline{AD} = \sqrt{2^2 + 2^2} = 2\sqrt{2}$

(2) $\angle DAB = \angle EAB - \angle EAD = 105° - 45° = 60°$

(3) by 餘弦定理 $\overline{BD}^2 = \overline{AB}^2 + \overline{AD}^2 - 2\overline{AB}\,\overline{AD}\cos 60°$

　　　 $\Rightarrow \overline{BD} = 2\sqrt{3}$

(4) by 餘弦定理 $\cos \angle ABD = \dfrac{\overline{BD}^2 + \overline{BA}^2 - \overline{AD}^2}{2\overline{BD}\,\overline{BA}} = \dfrac{\sqrt{3}}{2}$，

　　　 故 $\angle ABD = 45°$

(5) $\cos \angle BCD = \dfrac{\overline{CD}^2 + \overline{BC}^2 - \overline{BD}^2}{2\overline{CD}\,\overline{BC}} = \dfrac{1}{2}$ ，

故 $\angle BCD = 60°$

可求 $\triangle BCD = \dfrac{1}{2} \times 2 \times 4 \times \sin 60° = 2\sqrt{3}$

12. 【答案】(2) (5)

【解析】 依題意可表示如圖：

(1) 數學及格中，英文只有及格與不及格兩種情形，

故 $x + y = 34$

(2) 因國文及格 45 人可知 $0 \le b \le 5$

且 $a + t = 6$ 故 $0 \le a \le 6$

得 $y = 50 - 39 - (a + b)$ 可知 $0 \le y \le 11$

(3) (4) (5) 因為英文及格者國文必定及格，故三科都

及格者有 x 人

至少一科不及格者有 $50 - x$ 人

且 $x + y = 34 \;\Rightarrow\; 23 \le x \le 34$　得 $16 \le 50 - x \le 27$

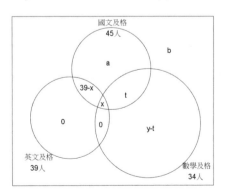

13. 【答案】(3) (5)

　　【解析】(1) $\overrightarrow{DB} \cdot \overrightarrow{DC} = (\overrightarrow{DA} + \overrightarrow{AB}) \cdot (\overrightarrow{DA} + \overrightarrow{AC}) = |\overrightarrow{DA}|^2 + \overrightarrow{DA} \cdot \overrightarrow{AC}$
　　　　　$+ \overrightarrow{DA} \cdot \overrightarrow{AB} + \overrightarrow{AB} \cdot \overrightarrow{AC} = |\overrightarrow{DA}|^2 + \overrightarrow{AB} \cdot \overrightarrow{AC}$

　　　　(2) $\angle BAC$ 為直角，故 $\overrightarrow{AB} \cdot \overrightarrow{AC} = 0$
　　　　　則 $\overrightarrow{DB} \cdot \overrightarrow{DC} = |\overrightarrow{DA}|^2 > 0$，故 $\angle BDC$ 為銳角

　　　　(3) $\angle BAC$ 為銳角，故 $\overrightarrow{AB} \cdot \overrightarrow{AC} > 0$
　　　　　則 $\overrightarrow{DB} \cdot \overrightarrow{DC} = |\overrightarrow{DA}|^2 + \overrightarrow{AB} \cdot \overrightarrow{AC} > 0$，故 $\angle BDC$ 為銳角

　　　　(4) $\angle BAC$ 為鈍角，故 $\overrightarrow{AB} \cdot \overrightarrow{AC} < 0$
　　　　　則 $\overrightarrow{DB} \cdot \overrightarrow{DC} = |\overrightarrow{DA}|^2 + \overrightarrow{AB} \cdot \overrightarrow{AC}$ 值無法判斷
　　　　　故 $\angle BDC$ 無法判定為銳角或鈍角亦或直角

　　　　(5) 若 $\overrightarrow{AB} < \overrightarrow{DA}$ 且 $\overrightarrow{AC} < \overrightarrow{DA}$，
　　　　　則 $\overrightarrow{AB} \cdot \overrightarrow{AC} = |\overrightarrow{AB}||\overrightarrow{AC}| \cos\theta < |\overrightarrow{AB}||\overrightarrow{AC}| < |\overrightarrow{DA}|^2$
　　　　　故 $\overrightarrow{DB} \cdot \overrightarrow{DC} = |\overrightarrow{DA}|^2 + \overrightarrow{AB} \cdot \overrightarrow{AC} > 0$
　　　　　得 $\angle BDC$ 為銳角

第貳部份：選填題

A. 【答案】25

　　【解析】$a_2 = a_1 + f(0) \quad \Rightarrow f(0) = 1$

　　　　　$a_3 = a_2 + f(1) \quad \Rightarrow f(1) = 3$

　　　　　$a_4 = a_3 + f(2) \quad \Rightarrow f(2) = 7$　故由拉格朗日差值法可知

　　　　　$f(x) = \dfrac{(x-1)(x-2)}{(0-1)(0-2)} + 3 \times \dfrac{(x-0)(x-2)}{(1-0)(1-2)} + 7 \times \dfrac{(x-0)(x-1)}{(2-0)(2-1)}$

　　　　　故 $f(3) = 13$　　所求 $a_5 = a_4 + f(3) = 25$

B. 【答案】 $(\dfrac{40}{21}, \dfrac{25}{21})$

　　【解析】 因為 $\overrightarrow{AP}$ 平行 $\overrightarrow{AM}$，故令 $\overrightarrow{AM} = t\overrightarrow{AP} = \dfrac{1}{2}t\overrightarrow{AB} = \dfrac{1}{5}t\overrightarrow{AC}$，

　　　　　　又 B、M、C 三點共線　故 $\dfrac{1}{2}t + \dfrac{1}{5}t = 1$

　　　　　　$\Rightarrow t = \dfrac{10}{7}$，$\overrightarrow{AM} = \dfrac{10}{7}\overrightarrow{AP} = \left(\dfrac{40}{21}, \dfrac{25}{21}\right)$

C. 【答案】 7

　　【解析】 $5x^3 + (a+4)x + ax + 1 = 0$

　　　　　　$\Rightarrow (x+1)\,[5x^2 + (a-1)x + 1] = 0$

　　　　　　可知必有一有理根為 -1，後者可由一次因式檢驗法可知

　　　　　　可能的有理根為 ± 1 or $\pm \dfrac{1}{5}$

　　　　　　由韋達定理可知三根乘積為 $-\dfrac{1}{5}$，

　　　　　　故此三根必為 $-1, -1, -\dfrac{1}{5}$

　　　　　　又三根之和為 $-\dfrac{a+4}{5} = -1 - 1 - \dfrac{1}{5}$　$\Rightarrow a = 7$

D. 【答案】 -5

　　【解析】 令等差數列的公差為 d，可列式

$$\begin{cases} a_1 x + (a_1 + d)y + (a_1 + 2d)z = k + 1 \\ (a_1 + 3d)x + (a_1 + 4d)y + (a_1 + 5d)z = -k - 5 \\ (a_1 + 6d)x + (a_1 + 7d)y + (a_1 + 8d)z = k + 9 \end{cases}$$

　　　　　　兩式兩兩相減可得

$$\begin{cases} 3dx + 3dy + 3dz = -2k - 6 \\ 3dx + 3dy + 3dz = 2k + 14 \end{cases}$$

故 $-2k - 6 = 2k + 14 \Rightarrow k = -5$

E. 【答案】 47

　　【解析】 $\log x \approx \dfrac{1}{3}\log 45 + \dfrac{2}{3}\log 48$，故 $a = 45$，$b = 48$

　　　　　　$(x - a) : (b - x) = 2 : 1 \Rightarrow x = 47$

F. 【答案】 $\dfrac{9}{64}$

　　【解析】 可分為

　　　　　　「上上下下」：$\dfrac{4!}{2!2!} = 6$

　　　　　　「左左右右」：$\dfrac{4!}{2!2!} = 6$

　　　　　　「上下左右」：$4! = 24$

　　　　　　故所求機率為 $\dfrac{6 + 6 + 24}{4^2} = \dfrac{9}{64}$

G. 【答案】 14.4

　　【解析】 阻擋 6 秒時，甲移動了 24 公尺、乙移動了 18 公尺

　　　　　　可知此圓之直徑即為兩平行線之距離

　　　　　　即 $\dfrac{18 \times 24}{30} = \dfrac{72}{5} = 14.4$

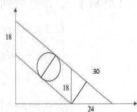

106 年大學入學學科能力測驗試題
社會考科

單選題（占 144 分）

說明：第 1 題至第 72 題皆計分。每題有 4 個選項，其中只有一個是正確或最適當的選項，請畫記在答案卡之「選擇題答案區」。各題答對者，得 2 分；答錯、未作答或畫記多於一個選項者，該題以零分計算。

1. 臺灣有許多公民自發性成立的非營利組織，已推動多項重大法律修正，促進人權落實，其重要成果包括犯罪嫌疑人人權以及集會遊行權保障等。以下對於公民組織的行動及其與人權保障的相關敘述何者正確？
   (A) 人權保障為憲法核心內容，公民團體的介入顯示臺灣民主尚未成熟
   (B) 僅仰賴政府無法善盡人權保障，故需公民組織參與並推動人權立法
   (C) 公民關注人權的行動僅限於國內議題，無法涉及國際人權議題保障
   (D) 公民推動人權法案未獲民眾支持時，即形成公民不服從的合理基礎

2. 世界上有許多國際性的非政府組織，致力於促進與維護人類文明的基本價值，例如無國界記者、國際特赦組織、綠色和平組織等。以下有關國際非政府組織的敘述，何者正確？
   (A) 這類非政府組織具有非營利性質，可向會員酌收會費以維持運作
   (B) 這類組織監督的對象以各國政府為主，民營企業並不在監督之列

(C) 如能納入各國政府代表加入組織運作，可以提升執行事務的效率

(D) 為了向政府募款以維持組織存續，應盡量避免批判各國政府政策

3. 一夫一妻以及有血緣關係的子女所組成的核心家庭，以往一直被認為是常態的家庭。但是根據臺灣近年的官方統計資料，單親家庭（如父親過世，母親與未婚子女共同生活）、隔代家庭（如祖父母與未婚孫子女共同生活）及無親屬關係的家庭（如男女朋友租屋共同生活）等的家戶組成增長快速。對於臺灣面臨上述的家庭型態轉變，下列敘述何者正確？

(A) 隔代家庭數量的成長，反映了臺灣目前的生育率正處於下降的狀態

(B) 家庭如果不健全，容易導致子女的偏差行為，政府應積極介入輔導

(C) 由家庭型態的轉變可以看出，血緣關係並不是家庭唯一的構成要件

(D) 為了避免單親家庭增加，政府應修法讓離婚與未婚生子變得更困難

4. 近年來，臺灣媒體過度渲染「腥羶色」的特定事件，導致新聞品質的庸俗化與弱智化，引發公眾不滿。如果我國要改善這樣的現象，下列哪種作法最為適切？

(A) 強化商業媒體競爭，使其追逐市場佔有，提升媒體自律

(B) 成立閱聽人消費者團體，加強對各種媒體的監督與施壓

(C) 強化民選官員的權責，授予其權力關閉傷風敗俗的媒體

(D) 將商業性媒體公共化，禁止私人財團經營新聞傳播產業

5. 根據人類學研究的文獻，某些民族早期的傳統富含文化的意義與價值。例如，某民族的青年男子在通過生存考驗後，可以在臉上紋面，以象徵自主與責任；而青年女子則在織布技術純熟時紋面，然後就可以開始尋覓如意郎君。針對上述的現象，以下敘述何者正確？

(A) 紋面係具有通過儀式的功能
(B) 紋面是當時流行的大眾文化
(C) 紋面前後的社會角色不會改變
(D) 紋面在當時是青少年的次文化

6. 某國有「童婚」傳統，許多未滿 15 歲少女成為父母財產，被迫結婚而失去受教育機會。近年來國際人權團體批評此傳統剝奪女孩受教權，違反國際人權公約，因此屢向該國施壓，要求立法禁止，卻遭到該國政府反彈，呼籲外界應尊重其傳統文化。從人權保障觀點檢視前述國際人權團體的作為，下列何項看法最適當？

(A) 應該，人權公約尊重各國傳統，但童婚現象違反基本人權，超越文化尊重原則
(B) 不應該，人權團體雖然追求基本人權保障，但仍應尊重各國主權不可干涉內政
(C) 應該，舊式文化與進步的人權精神有違，不符世界的價值潮流，必須加以破除
(D) 不應該，人權團體雖秉持普世價值，仍須尊重各國國情，接受社會的文化差異

7. 一般而言，國際難民可區分為因政治迫害或戰亂遷徙的政治難民，以及謀求脫離貧困或更佳生活條件的經濟難民。請根據圖 1 資料判讀何者最為正確？

圖 1　2015 年聯合國難民署（UNHCR）全球難民分布圖

(A) 歐洲難民問題主要原因乃是兩極體系之國際政治結構所致

(B) 圖中所示，德國乃受理難民申請政治庇護人數最多的國家

(C) 土耳其與巴基斯坦難民數最多，乃該二國統治合法性不足

(D) 圖 1 資料的提供者是一個強調人道救援的政府間國際組織

8. 美國一直扮演兩岸關係發展的關鍵角色，且奉行「一個中國政策」。關於此項政策的主要內容與作為，下列敘述何者正確？

(A) 海峽兩岸分治之後隨即實施該政策

(B) 反對軍售臺灣以和平解決兩岸問題

(C) 與中國大陸的「一個中國原則」相同

(D) 制定《臺灣關係法》維持臺美非官方關係

9. 選舉政治之「選區劃分」，關係著政黨與候選人的競爭方式：單一選區通常引起政黨間競爭；而複數選區則產生政黨內競爭。形成此種競爭差異的主要因素為下列何者？

(A) 選舉區的面積不同　　　　(B) 各選區候選人人數

(C) 選區應選名額人數　　　　(D) 相對與絕對多數決

10. 針對層出不窮的食安問題，某大學舉辦食安問題研討會，邀請跨院、跨部會的政府官員研擬解決辦法。表1為與會代表的發言內容，依其內容判斷，何者所屬機關具有「提出憲法修正案」的職權？

表 1

發言機關	建議食品安全處理措施
甲	本機關將加速審判不法商人，藉以伸張社會正義
乙	本機關會糾正相關失職部會，藉以改善行政流程
丙	本機關將加強取締違法工廠，防制劣質食品流竄
丁	本機關排定審查食安法修正案，以安定社會人心

(A) 甲　　　　(B) 乙　　　　(C) 丙　　　　(D) 丁

11. 「公民與社會」課堂討論公務員的政治中立，老師要同學提出**違反政治中立**的實例，請問下列實例何者最符合討論主題？

(A) 總統任命同黨黨員為考試院部會首長

(B) 某部長懲處為在野黨公開助選的司長

(C) 某縣政府大樓張貼支持縣長連任標語

(D) 直轄市長假日為同黨議員候選人助選

12. 民主政治發展過程中，間接民主的議會政治取代直接民主，下列何者為最主要原因？

(A) 工業革命之後走向專業分工，產生專業的政治工作者

(B) 公民直接參政社會成本太高，代議政治較為省時有效

(C) 人民選舉投票就是直接民主，議員只是代行人民職權

(D) 議會代表比人民熟悉議事規則，更能夠爭取人民權益

13. 有關國家行政權運作的國內公法總稱為行政法，與我們日常生活息息相關。下列敘述何者屬於「應適用行政法」之事件？
    (A) 遇路邊臨檢，駕駛人某丁以無照駕駛而遭罰
    (B) 因感情糾紛，某乙唆使某丙打傷其室友挨告
    (C) 房東發函追討租屋房客某甲所積欠之房租金
    (D) 依法院民事確定判決，強制執行「拆屋還地」

14. 刑事訴訟程序著重追訴處罰犯罪，講求勿枉勿縱與眞實發現，並相當重視程序面的人權保障，包含刑事被告及犯罪嫌疑人的權利保障。就刑事訴訟程序而言，下列敘述何者**不正確**？
    (A) 檢察官訊問竊嫌時，應告知其可以保持緘默
    (B) 為了避免黑箱作業，犯罪偵查過程應予公開
    (C) 未經審判確定被告為有罪前，推定其為無罪
    (D) 在犯罪偵查階段，被告可以主張聘請辯護人

15. 甲男與懷孕之妻返家時，驚覺陌生人入宅行竊；竊嫌持利刃攻擊甲男之妻以利脫逃。為保護妻子，甲男奮力奪刃時不愼造成竊嫌手臂扭傷脫臼。依我國《刑法》規定，下列敘述何者正確？
    (A) 甲男可主張正當防衛，但對竊嫌之受傷仍須負完全刑事責任
    (B) 甲男可主張正當防衛，若成立則不構成犯罪而無須負擔刑責
    (C) 財物損失與致使竊嫌受傷不成比例，甲男不可主張正當防衛
    (D) 竊嫌係攻擊甲男之妻，非攻擊甲男，甲男不可主張正當防衛

16. 小潘隨隊出國比賽，機場安檢時，戲稱：「我行李有炸彈」，迅即遭移送法辦。縱使小潘解釋此純屬玩笑，行李也查無炸彈，仍因散布危害飛航安全之不實訊息，已涉嫌犯罪而面臨法律制裁及當日無法隨隊出境之後果。關於小潘個人基本權利的限制，下列敘述何者正確？

(A) 爲了避免緊急危難，小潘個人的言論自由可以受到法律限制

(B) 雖爲增進公共利益，小潘個人的遷徙自由仍不得受法律限制

(C) 爲了維護社會秩序，小潘個人的遷徙自由可以受到行政規則限制

(D) 爲防止妨礙他人自由，小潘個人的人身自由可受到行政規則限制

17. 某國規定人民須購買專用垃圾袋以處理垃圾，否則清潔隊將不予清運，違反或任意傾倒垃圾者，將處以高額罰款。請問某國此措施的最主要動機爲？

(A) 刺激民間消費　　　　　　(B) 減緩景氣波動

(C) 將外部成本內部化　　　　(D) 改善政府財政問題

18. 某國政府爲避免米價過低影響農民生計與生產意願，規定米價每公斤不得低於 50 元。在其他情況不變下，請問有關此措施實施後對米市場影響的敘述，何者正確？

(A) 當米的市價爲每公斤 60 元時，此措施將不會影響農民的福利

(B) 當米的市價低於每公斤 50 元時，市場將出現需求大於供給的現象

(C) 此類價格上限的價格管制，將會降低消費者剩餘、提高生產者剩餘

(D) 米的市價爲每公斤 40 元時，農民將惜售並囤積米糧，使市場出現無謂損失

19. 經濟學常使用「共享性」與「排他性」兩種概念來說明財貨的特性，請問就這兩種概念的應用分析何者正確？

(A) 校長週會演講內容，因學生每人領悟與學習成效不同，故不具有共享性

(B) 政府投入預算改善都市治安，因未繳稅居民亦可享受，故不具有排他性

(C) 公立圖書館閱覽室人人均可進出，縱使座位一位難求，依然具有共享性

(D) 商業賣場可以自由進出，但達一定人數流量後管制進場，故具有排他性

20. 某國原本不屬於進出口商品之甲、乙商品，在該國開放市場進行貿易後，甲商品成為出口商品，而乙商品也可自國外輸入。若其他情況維持不變，請問在開放市場後，有關該國甲、乙商品市場之敘述，何者正確？

(A) 甲商品市場消費者剩餘與乙商品市場生產者剩餘均將提高

(B) 甲商品市場的生產者剩餘提高，消費者剩餘的增減則不明

(C) 乙商品市場的消費者剩餘提高，生產者剩餘則是減少的

(D) 甲、乙商品市場之社會福利變化，前者提高而後者減少

21. 某新款智慧型手機上市引起排隊購買潮。若此手機售價為 10,000 元，甲心中最高願意支付 3,000 元託人排隊代買，經與有意代買之乙、丙商討，最後由乙收取甲代買費用 1,000 元，為甲購得此手機。請問以下有關機會成本的設算，何者正確？

(A) 甲購買此智慧型手機的機會成本為 13,000 元

(B) 乙為人排隊代買手機之機會成本為 2,000 元

(C) 丙為人排隊代買手機之機會成本大於 4,000 元

(D) 甲自己排隊買手機之機會成本至少高於 3,000 元

22. 為刺激景氣提振經濟，政府推出低利貸款鼓勵民間消費與廠商投資，而政府本身也積極投入公共建設與都市更新。請問下列因低利貸款與政府措施而帶動之經濟活動，對國內生產毛額（GDP）影響的敘述何者最為正確？

(A) 家戶單位因低利而增加購買成屋的支出皆計入 GDP
(B) 企業因擴建廠房而添購全新設備的支出不計入 GDP
(C) 政府成功推動都市更新使老屋翻新有助於提振 GDP
(D) 政府動支預算修繕維護各級道路並無助於提高 GDP

23-24 為題組

◎ 某甲婚前生活奢華，積欠夜店逾百萬元債務多年不還，且在欠債時結婚，與妻未依法約定夫妻財產制，婚後共生一子兩女，其中長子經商有成，長女已出嫁，么女未滿 20 歲。之後某甲為了躲債離家出走，其妻則經營小吃店維生。

23. 有關某甲積欠夜店逾百萬元債務清償問題，下列敘述何者正確？
   (A) 夜店債主向某甲索討未果，大可基於夫妻關係轉向甲妻請求清償債務
   (B) 縱某甲出走，夜店債主可以某甲為被告，請求法院裁判某甲清償債務
   (C) 夜店債主得以俗稱「父債子還」為由，請求某甲之子女替父清償債務
   (D) 夜店債主向某甲索討未果，可至甲妻小吃店取走值錢財物以抵償債務

24. 某甲離家出走不久即遭車禍身亡，有關某甲婚前積欠夜店逾百萬元債務是否仍存在，以及是否該由其家人清償的問題，下列敘述何者正確？
   (A) 某甲既已身亡，法律上權利義務主體不存在，積欠夜店債務隨之消滅
   (B) 積欠夜店債務由甲妻與長子長女負清償責任，未成年的么女不必負責

(C) 長女既已出嫁，所欠夜店債務不得要求「非屬甲之家人」的長女清償

(D) 甲妻及其子女都是某甲的法定繼承人，皆可依法拋棄繼承，以期免責

25. 某人覺得自己犯了罪過，便依照教會要求，前往指定教堂悔罪，還要申請贖罪。一位修士則給予憑證，赦免教會對他的處罰。這位修士最可能屬於：

(A) 德意志路德教會　　　　　(B) 尼德蘭改革教會

(C) 英格蘭國教會　　　　　　(D) 羅馬天主教會

26. 《資治通鑑》記載：唐僖宗乾符二年（西元 875 年）七月，「蝗自東而西，（數量多到可以）蔽日，所過赤地（一片焦土）。京兆尹楊知至奏：『蝗不食（莊）稼，皆抱荊棘而死。』宰相以下皆賀。」我們如何理解這段資料？

(A) 《資治通鑑》表達唐僖宗受到臣下蒙蔽猶不自知

(B) 《資治通鑑》為重要史書，蝗蟲抱荊棘之事可信

(C) 宰相必須稟報實情，官員楊知至所奏事應為實情

(D) 《資治通鑑》特別記載此事以說明各種奇聞軼事

27. 一位美國空軍人員回憶：某處基地駐紮了各型新式戰機，都是循著軍售管道或從我國的軍事顧問團獲得。這些戰機停滿了機場待命區，隨時準備升空，迎擊入侵的敵機。這個場景應當是：

(A) 1938 年重慶　　　　　　(B) 1944 年上海

(C) 1970 年臺中　　　　　　(D) 1995 年臺南

28. 某人建議：您控制的領域農業發達，天然資源豐富，土地比德、法兩國加起來還大。您跟令尊一樣深獲百姓支持，如果與中央合作，頂多是稱雄一方，不如自己創造一番事業。我國願意傾全力支持您，完成建國大業。這個對話的場景最可能是：

(A) 1921 年，英國首相向凱末爾建議

(B) 1928 年，日本特使與張學良談判

(C) 1948 年，蘇聯領袖對毛澤東指導

(D) 1949 年，美國國務卿提醒蔣介石

29. 日本史書記載：一艘我國船隻利用季風之便，抵達中國，在大運河邊的一個重要港口下錨。船員在此港中見到舟楫林立，商業繁榮，各種商品琳瑯滿目。城中有許多外國商人，購買各種貨品。沿運河北上，便可抵達首都。這個港口是：

(A) 唐代的揚州　　　　　　(B) 宋初的廣州

(C) 元代的泉州　　　　　　(D) 清初的上海

30. 某人評論：今日之俄如同七國時期之秦，而英則像是齊，土則是魏也。「秦人不得志於魏，則不能挎（牽制）六國，俄人不得志於土，不能挎歐洲。」「英人陽（表面）護土而陰蔽歐洲。俄之不得志於歐洲，英為之也。」這位人士評論何時的情勢？

(A) 拿破崙戰爭　　　　　　(B) 克里米亞戰爭

(C) 第一次世界大戰　　　　(D) 第二次世界大戰

31. 某一時期，周天子因財政困難，必須派遣大臣向諸侯要求金援。齊、晉兩國也經常派遣使臣朝覲周天子，以提高自己的地位；原本與周天子關係最密切的魯國反而漸漸疏遠。這種現象最可能的原因是：

(A) 周人滅商，始建國家，但基礎不穩

(B) 西周末年，外族常入侵，政局惡化

(C) 春秋時代，周王室衰微，霸主興起

(D) 戰國時期，大國崛起，戰爭頗頻繁

32. 一部書記載：祖宗設立某個官職，只不過是文學侍從，其職務至多止於在奏章上簽註處理的建議，呈請皇帝裁決。這個官職獲得委任的權力，和前代宰相絕不相同，以不具實權之官職，卻攬權在手，其勢必敗，歷來擔任這個官職者無美名，其故在此。此處所指的官職是指：

(A) 漢代的博士官　　　　　　(B) 唐代的中書令

(C) 明代的內閣大學士　　　　(D) 清代的軍機大臣

33. 一份文書指出：「政府曾發布命令，教導大家崇敬諸神，卻使基督教徒陷於危險和苦難之中，甚至有人喪失性命，許多人至今不能公開參加他們的宗教活動。我們應本著寬大宗旨，開恩處理這件事。今後，他們可以自由表達想法，不受干擾地自由集會，但得尊敬法律和政府。」這份文書是：

(A) 君士坦丁發布的米蘭詔令　(B) 英國約翰王公布的大憲章

(C) 拿破崙頒行的拿破崙法典　(D) 聯合國公布的世界人權宣言

34. 1920 年代，一位人士在法院受審時的答辯書中指出：製糖會社極盡榨取蔗農們的膏血，以致農民赤貧如洗；會社中的勞動者，一日勞動的報酬，不能維持家計，其慘澹的生活，令時常目擊的我，感到無限傷心，為此決定加入組織奮鬥。文中這位人士所提到的問題最主要是：

(A) 家庭的崩潰　　　　　　　(B) 司法的迫害

(C) 族群的矛盾　　　　　　　(D) 經濟的剝削

35. 以下三段資料為三個不同時期的中國知識分子對傳統與西方文化的看法：

資料甲：我們要拋棄傳統中國的四書五經、打倒那吃人的禮教，專心學習西方的民主與科學。

資料乙：我們要拒絕污染心靈的西方文化，更要唾棄傳統中國的
　　　　文化遺毒，知識青年應該下鄉向農民學習。

資料丙：我們可以仿效西方國家的科學與技術，但是，仍要堅持
　　　　維護中國的綱常、名教與聖人之道。

上述資料依時序先後應是：

(A) 甲乙丙　　　　(B) 乙丙甲　　　　(C) 丙甲乙　　　　(D) 丙乙甲

36. 老師上課時，根據歷史資料繪製成圖2，
　　以說明中國歷史上某個時期政府在全國兵
　　力部署的比重。根據圖中訊息判斷，這應
　　是何時的情況？

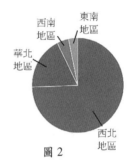

圖 2

　　(A) 秦初　　　　　(B) 唐初
　　(C) 宋初　　　　　(D) 明初

37. 中國歷史上某地居民的職業結構如下：十分其民，而工商居其四
　　（占四成）；十分其農，而佃戶居其六；十分其力，而傭工（雇傭
　　勞動）居其五。上述的現象最可能發生於：

　　(A) 西漢的關中地區　　　　　(B) 唐初的華北地區
　　(C) 清初的長江地區　　　　　(D) 清領前期的臺灣

38. 某一時期，許多學者寫了不同的手冊，教導年輕人舉止要合宜，
　　吃飯有禮貌，學習文學、音樂、藝術，才能成為有趣的社交分
　　子。這些手冊一經出版，便銷售一空，說明當時社會重視禮儀規
　　範。這個時期最早出現於何時？

　　(A) 古典希臘時期　　　　　(B) 羅馬共和時期
　　(C) 文藝復興時期　　　　　(D) 啟蒙運動時期

39. 一位作者討論當時中國的社會情況，重要內容包括：論修治道路、論綏靖地方、懲戒奢侈、清除鴉片流弊、嚴禁買賣奴婢、禁溺女嬰等。這種想法最可能出現於下列何書中？
    (A) 明代的《職方外紀》
    (B) 清初的《大義覺迷錄》
    (C) 清末的《自西徂東》
    (D) 抗戰時期的《中國之命運》

40. 一份文書中，中國政府表示：「前次所有遇害難民之家，中國定給撫卹銀兩，貴國所有在該處修道、建房等件，中國願留自用，先行議定籌補銀兩。所有此事兩國一切往來公文，彼此撤回、註銷。至於該處『生番』，中國自宜設法妥為約束，以期永保航客，不能再受凶害。」這份文書應與哪一事件有關？
    (A) 中國與日本有關牡丹社事件的討論
    (B) 中國因法國侵略安南，與法國交涉
    (C) 中德因德國企圖佔領膠州灣的協議
    (D) 中國與各國就解決義和團事件商議

41. 某一時期，政府為了吸收民間存款特別制定＜臺灣省各行庫舉辦優利儲蓄存款辦法＞，規定每次存入金額不得低於新臺幣 300 元，存期不得少於 1 個月，利率為月息 7 分（即每百元每月 7 元，年利率為 84%，按複利折合年率為 125.08%）。這個政策實施之後，儲蓄風氣盛行，物價上漲的速度立刻減緩。這種政策的背景是：
    (A) 1946 年，政府因國共內戰需軍費，以高利率吸收民間存款
    (B) 1950 年，政府積極壓抑通貨膨脹，建立民眾對新臺幣信心
    (C) 1951 年，政府籌募公地放領的經費，高利率吸引民間資金
    (D) 1971 年，政府陸續推動大型交通建設，急需民間資金挹注

42. 1154 年，埃及法提馬王朝統治者在一封致比薩大主教的信中說：
只要你們承諾不與法蘭克人合作，我方可同意你們的商人運送貨
品來我方貿易。除了亞歷山卓城外，你們也可以在開羅建立據
點，但需繳交關稅；木材、鐵、樹脂這三項貨品，我方保證以市
價購買。埃及法提馬王朝統治者寫這封信的目的最可能是：
(A) 埃及希望與比薩形成商業同盟
(B) 防止比薩大主教與十字軍合作
(C) 保護埃及木材、鐵、樹脂產業
(D) 歡迎比薩商人可以在埃及定居

43. 表 2 是 1951 年到 1961 年間臺灣農戶數百分比的統計表格，我們
如何理解這段期間臺灣農戶資料的變化？

(A) 實施耕者有其田政
策的成果
(B) 工業發展，使半自
耕農減少
(C) 肥料價格上漲，自
耕農棄耕
(D) 政府不斷鼓勵佃農
放棄農業

表 2

時間	自耕農	半自耕農	佃農
1951	38	25	37
1953	55	24	21
1955	59	23	18
1957	60	23	17
1959	62	23	15
1961	65	21	14

44. 一位淡水海關稅務官員的報告中提到：臺北盆地修築了城牆，也
蓋了新的衙門，又透過丹麥電氣工程師的協助，衙門裡裝設了電
燈，各主要街道也架起了電燈。判斷這份報告在 1880 年代的主要
依據是：
(A) 修城牆、電燈　　　　(B) 海關、外國顧問
(C) 新衙門、海關　　　　(D) 外國顧問、街道

45. 「溪底寮」為臺灣常見的聚落名稱，源自於早年當地有民眾利用河川枯水期在乾涸河床從事開墾，並在其地搭建簡單工作寮房。考量臺灣的氣候和河川特色，下列縣市中何者具有最多的溪底寮地名？

(A) 新北市　　(B) 苗栗縣　　(C) 嘉義縣　　(D) 宜蘭縣

46. 2000 年修訂之《農業發展條例》放鬆農地買賣管制，根據宜蘭縣政府農舍數量統計，2000-2014 年間宜蘭縣農舍約增加 7,600 幢，許多農地消失。這個現象除了政策因素外，與下列何者的關係最密切？

(A) 都市發展　　　　　　(B) 土地退化
(C) 交通革新　　　　　　(D) 農業企業化

47. 郁永河的《裨海紀遊》一文記載:「二十五日，買小舟登岸，近岸水益淺，小舟復不進，易牛車，從淺水中牽挽達岸。」下列敘述的產業景觀，何者最可能出現在郁永河登陸地點附近？

(A) 大者數十甲，引海水而入以飼虱目
(B) 鋸板抽藤兼以採取木料，以供軍用
(C) 儼然身到崇安道，山北山南遍種茶
(D) 溪南溪北草痕肥，山前山後布穀飛

48. 表 3 為某地區的氣候資料（雨量單位：mm，溫度單位：°C），請問盛行於該氣候區的主要農業類型為何？

表 3

月分	一	二	三	四	五	六	七	八	九	十	十一	十二
溫度	24	23	21	18	16	13	12	14	16	17	20	23
月雨量	5	5	15	40	120	160	162	140	90	60	20	18

(A) 放牧業　　　　　　　　(B) 酪農業
(C) 熱帶栽培業　　　　　　(D) 地中海型農業

49. 點子圖經常被用來表現人口分布疏密，繪製時必須選擇面積比例正確的投影。下列投影地圖的經線和緯線間距各為 30 度，根據經線和緯線長度判斷，哪組地圖的面積比例最接近正確？

（甲）　　　　　　　　　　（乙）

（丙）　　　　　　　　　　（丁）

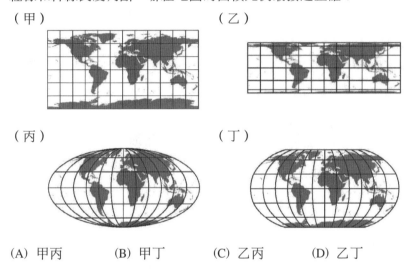

(A) 甲丙　　　(B) 甲丁　　　(C) 乙丙　　　(D) 乙丁

50. 2016 年初全臺各地設有 79 個空氣品質監測站，環保署每小時公布各站監測資料，這些資料可用來推估全臺空氣品質狀況及地區差異。下列何者最適合用來表現這些資料所呈現的全臺各地空氣品質狀況？
(A) 點子圖　　　(B) 風花圖　　　(C) 面量圖　　　(D) 等值線圖

51. 臺灣烏龍茶出口曾經歷很長的衰退期，近年來透過 DNA 檢驗以阻低劣茶混充，並配合客製化和文化行銷手段，提升茶葉附加價值，使得烏龍茶產業再度振興。這種振興過程最適合以下列哪種概念來說明？

   (A) 專業分工   (B) 知識經濟

   (C) 休閒農業   (D) 商業性農業

52. 2011 年日本 311 大地震之後，除日本產業受到重創外，亞股、歐股和美股股價亦出現跌勢。此一事實和下列哪個現象關係最密切？

   (A) 跨國空間分工鏈發達   (B) 產品的生命週期縮短

   (C) 區位移轉的趨勢加速   (D) 新興的資本市場增多

53. 圖 3 是某種農業活動的產銷流程示意圖。此圖最符合下列哪種農業活動的特徵？

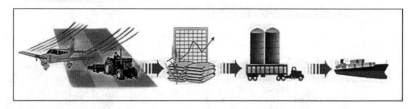

圖 3

   (A) 酪農業   (B) 混合農業

   (C) 熱帶栽培業   (D) 商業性穀物農業

54. 中國的空氣污染問題嚴重，而近年有多項國際重要活動在中國舉行。爲了改善活動期間的空氣品質，政府要求周遭地區兩、三百公里內的工廠停工，並管制汽車交通。這些措施使得當時空氣品質大爲改善，重現藍天。網路民眾乃稱 2014 年北京 APEC 會議期間有所謂的「APEC 藍」，而 2016 年杭州 G20 世界高峰會時有所謂「G20 藍」。請問，因爲 APEC 會議和 G20 會議而受到生產管制的工廠，分別位於中國的哪個經濟圈？

   (A) 渤三角；長三角   (B) 渤三角；珠三角

   (C) 長三角；珠三角   (D) 珠三角；渤三角

55. 圖 4 是某地區的自然景觀帶素
描圖。該自然景觀帶內最主要
發生的土壤化育作用爲何？

(A) 鈣化作用

(B) 灰化作用

(C) 鹽化作用

(D) 聚鐵鋁化作用

圖 4

56. 受全球化的影響，近十多年來美國製造產業比重持續下滑、工作
機會流失，這種情形在某些地區尤爲嚴重。2016 年美國總統大
選，共和黨候選人川普提出「美國製造」的政見，誓言將工作機
會帶回美國。川普原本不被看好，但在這些地區卻獲得大量白人
勞工支持，因而意外當選。這些幫助川普逆轉勝的白人勞工，最
可能位居圖 5 中何區？

(A) 甲

(B) 乙

(C) 丙

(D) 丁

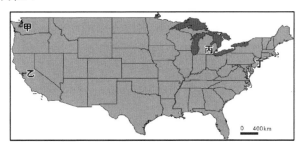

圖 5

57. 非洲馬達加斯加島的人口絕大多數爲馬來人和東非人通婚的後
裔，稱爲亞非人。下列那一項敘述可顯示該島具有東南亞文化的
內涵？

(A) 人口出生率高　　　(B) 耕地大多種水稻

(C) 信仰基督教爲主　　(D) 居民多從事第一級產業

58. 圖 6 是某一宗教信徒舉行宗教儀式的建物。下列哪些地區的人口組成中,該宗教信徒的比例較高?
   甲、巴爾幹半島　　乙、東印度群島
   丙、西印度群島　　丁、撒赫爾地區
   戊、美索不達米亞平原
   (A) 甲乙丙　　　(B) 甲丙丁
   (C) 乙丁戊　　　(D) 丙丁戊

圖 6

59-60 為題組

◎ 圖 7 是日治時期花蓮港廳壽區(約略在今花蓮縣壽豐鄉)一帶的地形圖,此圖北方朝上,每個方格面積為 1 平方公里,等高線間距為 10 公尺。請據以回答下列問題:

59. 圖中的山下聚落因地下水豐富,於北側和東北側墾成水田。該地主要位於何種地形的邊緣,因此擁有豐富的水資源?
   (A) 台地　　　　(B) 河階
   (C) 沖積扇　　　(D) 三角洲

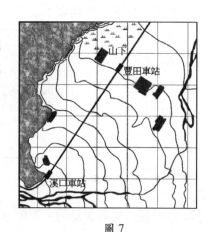

圖 7

60. 若搭乘火車由豐田火車站至溪口火車站,鐵道的坡度變化最接近下列何者?
   (A) 上升 0.7%　　　　(B) 上升 1.6%
   (C) 下降 0.7%　　　　(D) 下降 1.6%

<u>61-62 為題組</u>

◎ 澳洲商業化農業發達，是世界主要的穀物和肉類出口國之一。

　圖 8 是該國主要農業區分布圖。請問：

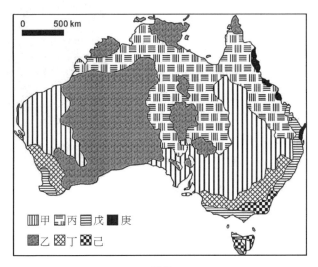

圖 8

61. 下列哪個農業帶的人口最密集、經濟最繁榮？

　(A) 甲　　　　　(B) 丁　　　　　(C) 戊　　　　　(D) 庚

62. 庚區的農作物最常受到下列哪種自然災害的影響？

　(A) 寒潮　　　　　　　　(B) 龍捲風

　(C) 火山爆發　　　　　　(D) 熱帶氣旋

<u>63-64 為題組</u>

◎ 圖 9 為 1940 年日惹地區（7°48″ S, 110°21″ E）華人移民合資雕刻

　的紀念碑，其目的在慶祝日惹王國統治者即位，藉以維持雙方的

　友好關係。請問：

63. 該石碑豎立地點的所在國家，目前其國民最主要的宗教信仰為何？

(A) 道教　　　　(B) 天主教

(C) 印度教　　　(D) 伊斯蘭教

64. 若從交通及地理位置來思考該區華人移民的原鄉，可知原鄉當地最可能受到下列哪種災害的影響，導致短期的糧食歉收，人口壓力變大？

(A) 颱風頻繁，農田作物流失

(B) 龍捲風過境，襲捲屋舍人畜

(C) 西風帶來豪雨，河水暴漲成災

(D) 地震頻仍，毀壞橋樑水利設施

圖 9

65-66 為題組

◎ 1776 年，北美洲殖民地人民要求獨立，在某城市發表宣言，指出：「我們不是沒有顧念我們的英國弟兄。我們一再警告，但他們的立法機關仍企圖把無理的管轄權加到我們頭上。」

65. 宣言中所指的「無理的管轄權」最可能是指：

(A) 殖民地不得發行報紙　　　(B) 殖民地禁止蓄養黑奴

(C) 禁止設立銀行與郵局　　　(D) 未經同意便強行徵稅

66. 發表該宣言之城市的外圍地區，日後最可能發展的商業性農業活動為何？

(A) 酪農業　　　　　　　　　(B) 放牧業

(C) 熱帶栽培業　　　　　　　(D) 商業性穀物農業

<u>67-68 為題組</u>

◎ 表 4 為 2013 年法國、阿富汗、馬來西亞、俄羅斯四個國家的統計
資料表。請問：

表 4

國家	X	平均國民所得（美元）	預期壽命（歲）	HDI
甲	99.9	1,904	60.9	0.468
乙	19.0	22,617	68.0	0.778
丙	10.0	36,629	81.8	0.884
丁	60.4	21,824	75.0	0.773

67. 計算人類發展指標（HDI）時，應當運用下列哪項資料？
　(A) 人口粗出生率
　(B) 家用電腦普及率
　(C) 每百人擁有的病床數
　(D) 六歲以上兒童預期受教育的年數

68. 表 4 中的 X 項統計資料的內容應當是：
　(A) 穆斯林人口占總人口之百分比
　(B) 工業占全國生產總值之百分比
　(C) 白人移民占全國人口之百分比
　(D) 共產黨員數占當地人口百分比

69-70 為題組

◎ 圖 10 為 2016 年某國際組織會員國分布圖，圖中深色區域為會員
國的位置。請問：

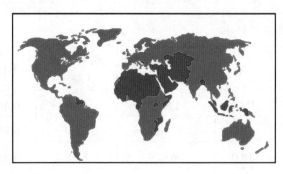

圖 10

69. 該國際組織在相同信仰下，促成會員國經濟、社會和文化等方面
的合作，並消滅殖民主義，維護尊嚴。在會員國境內，下列哪種
文化景觀最為常見？
(A) 大象造型的壁飾浮雕
(B) 火焰造型的教堂屋頂
(C) 六角星形的神聖圖騰
(D) 頭巾長袍的穿衣風格

70. 這個國際組織所涵蓋的區域中，在歷史上曾經出現哪個帝國？
(A) 神聖羅馬帝國
(B) 鄂圖曼帝國
(C) 蒙兀兒帝國
(D) 奧匈帝國

71-72 為題組

◎ 圖 11 顯示某國農業土地利用隨著高度增加而變化。請問：

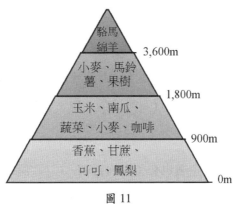
圖 11

71. 該國家最可能位於下列哪組經緯度涵蓋範圍內？
   (A) （45° N – 50° N, 20° E – 27° E）
   (B) （25° N – 30° N, 80° E – 87° E）
   (C) （35° S – 40° S, 58° W – 65° W）
   (D) （0° – 5° S, 80° W – 87° W）

72. 圖中，中低海拔地區大規模專業化栽培香蕉、甘蔗、可可、鳳梨
   等作物的情況，最可能始於何時？
   (A) 15 — 16 世紀物種大交換時期
   (B) 18 世紀中葉工業革命開始時
   (C) 19 — 20 世紀帝國主義發展時
   (D) 20 世紀晚期簽訂世貿組織時

106年度學科能力測驗社會科試題詳解

單選題

1. **B**
   【解析】 (A) 表示已趨成熟，(C) 可以涉及國際人權議題，(D) 公民不服從必須符合公開合法，和平非暴力等原則。

2. **A**
   【解析】 (B) 民營企業也在監督的行列，(C) 政府納入運作，組織的獨立性會受到影響，(D) 不可避免批評各國政策。

3. **C**
   【解析】 (A) 隔代家庭顯示了雙薪家庭的比率增加，(B) 政府無法也不宜做到輔導所有的隔代家庭，(D) 政府不可如此介入家庭事務。

4. **B**
   【解析】 (A) 強化競爭會使媒體更追逐利益，腥羶色文化會更嚴重，(C) (D) 媒體有新聞自由，政府不得任意介入媒體的經營運作。

5. **A**
   【解析】 (B) 大眾文化要有濃厚的商業性，(C) 紋面後代表已經成年，(D) 每個青少年都必須紋面，應該是主流文化。

6. **A**
   【解析】 (B) (D) 因為童婚已經違反基本人權，仍須介入關切，(C) 基本人權無關乎進步或落後。

7. **D**

【解析】 (A) 兩極體系已經在 1990 年代結束，(B) 最多的是土耳其，(C) 兩國難民最多是因為其最靠近敘利亞。

8. **D**

【解析】 (A) 從 1979 年中美建交後才開始，(B) 美國一直都不反對軍售台灣，(C) 美國的一中政策雖然承認一中原則，但仍然有國內法（台灣關係法），主張跟台灣維持軍售且與台灣維持銀間交流關係，此與一中原則仍有不同。

9. **C**

【解析】 單一選趨制與富庶選趨制的最大差別，在於一個選區選出的名額數，單一選區為一個選區選出 1 個當選人，富庶選區為一個選區選出 2 人以上的當選人。

10. **D**

【解析】 甲為司法院，乙為監察院，丙為行政院，丁為立法院，可以提出憲法修正案的機關為立法院。

11. **C**

【解析】 政治中立就是政府機關必須秉公手法，依法行政，不得公器私用，(B) 為在野黨助選已經違反行政中立，故部長懲處違反政治中立的司長，並不違反政治中立。

12. **B**

【解析】 間接民主取代直接民主的主因，是因為在人口數量越來越增加之後，人人直接參與政治事務的成本太高，直接民主只能在小國寡民的國家推行。

13. **A**

【解析】 (B) 刑法，(C) (D) 民法。

14. **B**

【解析】 依照偵查不公開原則，偵查過程應保持機密，不得公開偵查內容。

15. **B**

【解析】 (A) 若成立正當防衛就不負刑責，(C) 仍可主張正當防衛，(D) 為防衛他人也可主張正當防衛。

16. **A**

【解析】 (B) 可以限制，(C) (D) 應改為仍可受到法律限制。

17. **C**

【解析】 丟垃圾必須花錢購買專用的垃圾袋，是因為丟垃圾行為產生外部成本，藉由強制其購買垃圾袋，使外部成本內部化。

18. **A**

【解析】 限制價格不得低於 50 元為設定價格下限，價格下限必須定在市場均衡價格以上才有意義，(B) 不會對市場產生影響，(C) 價格下限，(D) 農民會趕快把米賣出。

19. **B**

【解析】 共享性為多人共享，不會減損事物的效用，排他性為可用收費等方式來排除他人使用此事物，(A) 學生的領悟能力為私人問題，不會影響共享性，(C) 一位難求表示共享性已經受到影響，(D) 管制進場但仍可進場，不影響排他性。

20. **C**

【解析】(A) (B) 甲商品出口後售價提高，消費者剩餘將減少，

(D) 開放自由貿易後，甲乙商品市場的社會總福利都是增加的。

21. **D**

【解析】機會成本計算口訣：機會成本 = 多花的 + 少賺的

(A) 甲買手機的機會成本 = 多花的 1000

(B) (C) 乙丙買手機的機會成本題目給的資訊不足

(D) 如果自己買手機的機會成本低於 3000，甲就不會願意支付最高 3000 買手機了

所以答案是 (D)

22. **C**

【解析】(A) 成屋多為二手商品買賣，所以不計入 GDP，

(B) 計入 GDP，(D) 有助於。

23-24 為題組

23. **B**

【解析】(A) 兩人為法定財產制，故雙方的財產歸屬雙方分別所有，雙方的債務也各自獨立，(C) 財產為分別所有，所以不得主張父債人償，(D) 不可。

24. **D**

【解析】(A) 甲死亡後，債務仍然不消滅，(B) 除非拋棄繼承，所有繼承人（包含未成年人）須以遺產為限，清償債權人的債務，(C) 既使出嫁，依然為甲之繼承人。

25. **D**

【解析】 從「依照教會要求……申請贖罪……給予憑證」可以看
出，教會對於教眾的支配權力相當大，而申請贖罪後的
「憑證」，指的就是贖罪券。而贖罪券是天主教（舊教）
的產物，因此只能選擇天主教的區域，所以要選 (D)。

26. **A**

【解析】 本題很重視國文閱讀能力。文章內容是說「蝗蟲過境，
所經過的地方食物都被蝗蟲給吃掉。」但是京兆尹官員
奏章卻指出，「蝗蟲不食農作物，所以皆餓死」。宰相以
下的官員皆稱喜。這句話在指出，官員奏章所說和現實
不符，但是官員卻稱喜。這可以證明官員聯合將災情給
隱瞞，所以答案選 (A)。

27. **C**

【解析】 美國有駐軍，代表這是和美國有軍事同盟的地區。

(A) 1938 年的重慶：在珍珠港事件（1941）年之前，美
國提出中立法案，並沒有參加第二次世界大戰，因此
尚未與中國同盟。

(B) 1944 年的上海：1944 年的上海是屬於日本與其傀儡
政權（汪兆銘南京政府）的統治範圍，而美國在二戰
中和日本交戰，故不符合。

(D) 1995 年的臺南：1979 年之後，台灣與美國斷交，因
此 1995 年不可能有美國駐軍的情形。

(C) 1970 年的台中：中華民國（台灣）與美國在 1954 年
到 1979 年之間簽訂「中美共同防禦條約」，台灣與美
國在當時是有軍事同盟的關係。

28. **B**

【解析】　關鍵字在於「令尊一樣深獲百姓支持」以及「和中央合作」，這兩句話說明著政權擁有延續性，而上述四個選項當中擁有政權延續性，且爲地方勢力的只有 (B) 東北奉系軍閥張學良（奉系軍閥張作霖之子）。

　　　　(A) 凱末爾是土耳其第一任總統，後來被追封爲國父，並非繼承自父親的地盤。

　　　　(C) 毛澤東是中華人民共和國的主要開國者，並非繼承自父親的地盤。

　　　　(D) 蔣介石的政治勢力起源於黃埔軍校。

29. **A**

【解析】　關鍵在於「大運河」邊的重要港口。除了揚州之外，廣州、泉州、上海都不在運河邊，以此可以快速破題。

30. **B**

【解析】　分析題幹得知，若把俄比爲秦，英比爲齊，土比爲魏，則可直譯爲「俄國無法在土耳其得到好處」「英國表面保護土耳其，實際上志在於歐洲，而俄國在土耳其的野心受挫，是英國人做的。」因此可以解釋爲「英國阻礙俄國侵略土耳其」。在四個選項當中，除了正確答案之外，試說明其他選項如下：

　　　　(A) 拿破崙戰爭：是英、俄共同對抗法國

　　　　(C) 第一次世界大戰：英、法、俄共同對付德、奧

　　　　(D) 第二次世界大戰：英、俄共同對付德、義。

31. **C**

【解析】　1. 速解：「齊、晉兩國也經常派遣使臣朝覲周天子」→ 齊桓公、晉文公尊王攘夷 → 春秋時代 → (C)

2. 周天子財政困難，這意味著周朝已經因為犬戎之禍的關係東遷，而導致王畿的縮小，可判斷進入東周（春秋戰國）時期。加上題目有提到晉國，晉國於西元前403年被韓趙魏三家分晉，此事件視為戰國時代開端，所以可以得知此時期為春秋時代。

32. **C**

【解析】 關鍵字是「職務至多止於在奏章上簽註處理的建議，呈請皇帝裁決。」這指的是「票擬權」，所以選明代開始的內閣制。

33. **A**

【解析】 文章內容當中提到「使基督教徒陷於危險和苦難，許多人至今不能公開參加他們的宗教活動」，所以後續到要寬大宗旨、開恩處理。這裡可以推斷出是強調宗教寬容政策，所以選擇的是米蘭詔令。

34. **D**

【解析】 關鍵字是「製糖」會社，這是商業上的公司，所以可以知道這是經濟相關的資料。

35. **C**

【解析】 資料甲要拋棄中國傳統文化專心學習西方，這個是指民國初年的新文化運動（民國3年至12年）時期。
資料乙指出要下鄉向農民學習，這個是文化大革命時期（1966-1976）學生的下鄉運動。
資料丙的內容是指清末知識份子在自強運動期間所推動的中體西用。
故順序選擇 (C)。

36. **B**

【解析】　重兵放在西北地區是唐初有突厥的外患；秦的時候是北
　　　　　方匈奴；宋初是東北的遼；明初最大外患是北方蒙古以
　　　　　及東南倭寇，和圖中比例也不符合，故答案選擇 (B)。

37. **C**

【解析】　中國史上工商居其四且佃戶居其六，這說明著中國工商
　　　　　業發達，且多有大地主產生，這樣的情形在明清專業市
　　　　　鎮大量出現之後產生，所以選擇的是清代的長江地區。

38. **C**

【解析】　關鍵字是寫了許多手冊，教導年輕人要合宜，這是說明
　　　　　著禮儀書的出現。禮儀書最早的出現是文藝復興時期，
　　　　　所以這題選答案 (C)。

39. **C**

【解析】　鴉片的大量流傳造成弊端是在清末的事情，題目指出關
　　　　　於這些問題解決的想法最早出於何時，故答案選擇 (C)。

40. **A**

【解析】　關鍵字是中國政府提到的「生番」，在中國的文件中，提
　　　　　到「生番」的情形多指台灣之原住民。再加以提到航客
　　　　　不能再受凶害，可以知道和船難有關。原住民又和船難
　　　　　有關，可以推測得知在考牡丹社事件，故答案選 (A)。

41. **B**

【解析】　政府的政策在於「降低市面上流通的貨幣」，此舉有助於
　　　　　壓抑通貨膨脹的情形。民國 38 年國民政府撤退來台之
　　　　　後，民眾對於國民黨政府的存亡沒有信心，而懷疑新臺
　　　　　幣的價值，國民黨政府以此方法控制市面上的貨幣數量。

42. **B**

【解析】 1154年時埃及法提馬王朝爲綠衣大食是回教國家，當時屬於十字軍東征的時期，所以以貿易來進行牽制，希望羅馬教會不要再和十字軍合作。

43. **A**

【解析】 時間1951至1961年爲民國40～50年，且表格是指農戶百分比，所以可以知道是在考臺灣的農業情形，而此時期臺灣正在發展土地改革，因此選擇(A)。

44. **A**

【解析】 要判斷年代是1880年，可以從當時的生活條件來判斷。(A)選項電燈出現是劉銘傳來臺灣之後的建設，劉銘傳是1885年臺灣建省後來，所以符合；(B)、(C)選項海關是自強運動開始，所以是英法聯軍後；外國顧問也是臺灣開港後有，也是1860年左右的情形，故答案選(A)。

45. **C**

【解析】 臺灣爲新褶曲地形，坡陡流急、河川短小，四大區域逕流洪枯變化量由大到小爲南部、中部、東部、北部。題幹所述『利用河川枯水期在乾涸河床從事開墾』可知此區河川洪枯變化明顯，固可刪除位於北部的(A)新北市、(D)宜蘭縣。

「溪底寮」爲臺灣常見的聚落名稱，今日仍可在臺南、嘉義、民雄一帶見到，符合題幹所述故選之。

46. **C**

【解析】 昔日宜蘭縣在公路交通方面依靠省道臺2線和臺9線與大臺北地區聯絡，由於這兩條公路受限於雪山山脈阻隔

或海岸路線迂迴等因素，導致宜蘭地區長期以來與臺灣西部、北部之間的交通較不方便。近年來雪山隧道及國道 5 號的通車，大幅縮短兩地旅運時間至四十分鐘以內進而帶動了宜蘭的觀光業。當地居民將農舍闢建為民宿之現象屢見不鮮。

47. **A**

【解析】從題幹所述『買小舟登岸，近岸水益淺，小舟復不進，易牛車，從淺水中牽挽達岸』可知此區水較淺，故近岸時必須換乘小船 → 應屬臺灣西部的沙岸地區，故選養殖漁業（虱目魚）相關選項 (A) 大者數十甲，引海水而入以飼虱目。

《裨海記遊》為 1697 年郁永河來臺採硫期間所記錄的旅遊經歷，題幹所述郁永河的船從鹿耳門進入台江內海，在一鯤鯓（安平古堡）驗關，然後橫渡台江航向赤崁城的登岸情景。

48. **D**

【解析】由「1 月均溫大於 7 月均溫」、「最冷月均溫 0-18℃」、「降雨季節分布呈現夏乾冬雨」等條件可判斷此為南半球的溫帶地中海型氣候，故選 (D) 地中海型農業。

49. **C**

【解析】人口分布圖需使用地圖與地球表面實際面積等比例相等的等積投影，故選 (C) 乙丙。

(甲) 麥卡托投影其特色為經緯線垂直相交，面積隨緯度越高而放大，任兩地間的方向正確，多用於航海圖或航空圖；

(乙) 等積圓柱投影其特色為經緯線垂直相交，緯距隨緯度越高而縮小以調整高緯度地區因投影所造成的面積失真問題；

(丙) 莫爾威相應數學投影，其特色為中央經線為直線、其他經線為拋物線，緯線為平行直線，具等積特色；

(丁) 羅賓森投影（折衷投影），其特色為中央經線為直線、其他經線為拋物線，緯線為平行直線且南北極為一條線（高緯度地區放大頗多），角度、面積都不正確，但失真不嚴重。

50. **D**

【解析】 題幹所述『全臺各地設有 79 個空氣品質監測站，環保署每小時公布各站監測資料』符合等值線圖之定義：「將可以量化的地理現象之相同數值的各點相互連接而成的封閉曲線」，故選 (D)。

51. **B**

【解析】 題幹所述『透過 DNA 檢驗以阻低劣茶混充』、『提升茶葉附加價值』符合知識密集傳統產業之定義：「將新興科技應用到傳統產業中，使生產成本降低、附加價值提高，進而提升產業競爭力」，故選 (B) 知識經濟。

52. **A**

【解析】 經濟全球化的時代，跨國企業依據比較利益原則將各組織部門（研發、製造、行銷部門）的散布於各地透過資訊科技相互聯繫而形成國際分工鏈，故日本 311 大地震之後連帶影響各地。

53. **D**

【解析】 附圖所示機械化耕作、期貨商品及船務運輸符合 (D) 商業性穀物農業之特徵。商業性穀物農業主要分布於地廣人稀的溫帶草原區，透過大規模、專業化、科學化、高度機械化的耕種及企業化的經營，將農產品運銷市場。

54. **A**

【解析】 2014 年北京 APEC 會議期間，京津冀等地區實施車輛管制及部分高汙染工廠停工以確保空氣品質。在此期間 PM2.5 的濃度大幅下降故網友稱其天空的藍色為 APEC 藍 → 京津冀等地區屬於渤三角經濟圈
2016 年杭州 G20 世界高峰會期間，全程放假 7 天鼓勵市民出遊且部分工商活動進行管制，故有 G20 藍之稱 → 杭州地區屬於長三角經濟圈

55. **D**

【解析】 由附圖可知此為板根植物，故可判斷此區為高溫多雨、聚鐵鋁化作用盛行的區域。
由於熱帶雨林等高溫多雨的地區地面經常積水，板根的發育可以幫助地面呼吸，並擴展其吸收地面的養分範圍，樹幹基部向四周圍生長出板狀的突起物，則可伸入泥土支撐龐大的樹身以免傾倒，並防止土壤的流失。

56. **C**

【解析】 (丙) 五大湖區的周邊為美國最大的製造業帶，昔日因豐富的煤、鐵及便捷的水運網絡而形成鋼鐵、機械、汽車等工業高度聚集的大型工業帶 → 近年來工業發展重心的轉變再加上西部太平洋沿岸工業區崛起、第三級產業成為經濟主體導致東北傳統工業帶老化（鐵鏽

帶）、失業率居高不下等問題，故此區的轉型與再造
變成了迫切需要解決的議題。

57. **B**

【解析】 馬來人主要分布於東南亞，屬於季風亞洲稻作農業區，
故選之。

58. **C**

【解析】 附圖的建築物由圓形拱頂正殿及宣禮塔組成符合伊斯蘭
教的清眞寺的建築特色。

伊斯蘭教主要分布於北非、西亞（合稱中東）及印尼部
份島嶼，故選 (C) 乙丁戊。

59-60 爲題組

59. **C**

【解析】 河流由山谷流進平原時，因坡度變緩、流輻變寬導致河
水所攜帶的碎屑物大量堆積而形成扇形沖積扇，其結構
可分爲扇頂（礫石帶）→ 扇面（旱作帶）→ 扇端（湧泉
帶）。附圖符合扇端湧泉帶有聚落及水田之概念，故選
(C) 沖積扇。

(A) 台地爲頂部平坦地形，較不會出現圖中等高線高度由
西南向東北遞減的現象；(B) 河階地形由階面及階崖等組
成，等高線呈現一疏一密分布；(D) 三角洲位置在出海口
或湖面，故不選。

60. **B**

【解析】 1. 由位於扇端較低處的豐田車站行駛至位於扇頂較高處
溪口車站路徑中，故刪除下降的 (C) 和 (D)。

2. 計算坡度百分比

$$坡度百分比 = \frac{圖上兩地高差（垂直距離）}{圖上兩地水平距離} \times 100\%$$

垂直高度：兩點之間有 7 條等高線 → 垂直高度約差 70 公尺

水平距離：題幹所述『每個方格面積爲 1 平方公里』，故可回推一格邊常爲 1 公里 → 溪口車站至豐田車站的水平距離 $= 2.5^2 \times 3.5^2$　開根號 $= 4.3$（公里）

$\to 70/4300 \times 100\% = 1.6\%$，故選 (B) 上升 1.6%。

61-62 爲題組

61. C

【解析】　澳洲的人口分布不均，主要集中在夏雨型暖濕氣候的東南沿海及溫帶地中海型氣候區（陽光帶），故選 (C) 戊。

62. D

【解析】　庚區位於澳洲東北部昆士蘭地處低緯且位於陸塊東側，易受 (D) 熱帶氣旋侵擾，故選之。

63-64 爲題組

63. D

【解析】　從緯度判斷，這個地區爲印尼，印尼信奉的是伊斯蘭教，故答案選 (D)。

64. A

【解析】　題幹所述日惹地區的緯度約在 $7°48″$ S 一帶，低緯度的熱帶地區易受颱風侵擾，故選 (A)。

65-66 為題組

65. **D**

【解析】 1776 年是指北美獨立戰爭，而北美獨立戰爭的導火線是新稅問題，進而導致波士頓茶葉事件。故答案選 (D)。

66. **A**

【解析】 獨立宣言與美國憲法皆於費城的獨立廳起草與簽署 → 費城位於美國東北部，緯度較高且近主要市場，故發展 (A) 酪農業。

67-68 為題組

67. **D**

【解析】 人類發展程度指數 $= \sqrt[3]{預期壽命指數 \times 教育指數 \times GNI指數}$

故應選 (D) 六歲以上兒童預期受教育的年數。

68. **A**

【解析】 觀察附表可知：甲國 HDI 較低（可推測為阿富汗 → HDI 為題幹所述四國中最低）但 X 統計數值卻很高，只有 (A) 穆斯林人口占總人口之百分比。

69-70 為題組

69. **D**

【解析】 觀察附圖可知該組織的會員國主要分布於中東（西亞、北非）、中亞一帶，與伊斯蘭文化區相近，故選 (D) 頭巾長袍的穿衣風格。

此為伊斯蘭合作組織（Organisation of Islamic Cooperation）
的會員國分布圖，其宗旨為促進各成員國之間在經濟、
社會、文化和科學等方面的合作；努力消除種族隔離和
種族歧視，反對一切形式的殖民主義；支持穆斯林保障
其尊嚴、獨立和民族權利的鬥爭

(A) 大象造型的壁飾浮雕為泰國常見景觀；(B) 火焰造型的
教堂屋頂為哥德式建築的特色；(C) 六角星形的神聖圖騰
與猶太教相關。

70. **B**

　【解析】　這些領土範圍大多涵蓋在西亞、北非，故答案選跨歐亞
　　　　　非三洲的鄂圖曼土耳其。

　　　　　(A) 選項神聖羅馬帝國主要區域為現今德國所在地區；

　　　　　(C) 選項蒙兀兒帝國領土多半在印度；

　　　　　(D) 選項奧匈帝國土地領土為現在奧地利、匈牙利一帶。

71-72 為題組

71. **D**

　【解析】　附圖為熱帶高地氣候的農業土地利用特色。低海拔地區
　　　　　的香蕉、甘蔗、可可、鳳梨屬於熱帶作物故選擇位於低
　　　　　緯度的 (D)（$0° - 5°$ S, $80°$ W $- 87°$ W）。

72. **C**

　【解析】　大規模專業化，始於新帝國主義時期，歐洲各國在非洲、
　　　　　東南亞的全面殖民。

106 年大學入學學科能力測驗試題
自然考科

第壹部分（占 80 分）

一、單選題（占 44 分）

說明：第 1 題至第 22 題，每題均計分。每題有 n 個選項，其中只有
一個是正確或最適當的選項，請畫記在答案卡之「選擇題答
案區」。各題答對者，得 2 分；答錯、未作答或畫記多於一個
選項者，該題以零分計算。

1. ATP 在細胞內扮演能量收支的角色，下列有關生物細胞內 ATP 分
子的相關敘述，何者正確？
   (A) 一分子的 ATP 含有 1 個高能磷酸鍵
   (B) 雙醣分子轉變成單醣時需要 ATP 才能進行
   (C) 當 ATP/ADP 的值偏高時可合成體質
   (D) 植物行光合作用，光反應產生的能量分子只有 ATP
   (E) 碳反應要在光照的環境下才能產生足夠的 ATP

2. 下列何者為維管束植物都有的構造？
   (A) 花 　　　　　　　(B) 葉 　　　　　　　(C) 種子
   (D) 果實 　　　　　　(E) 花粉管

3. 下列植物的繁殖方式，何者是有性生殖？
   (A) 西瓜利種子繁殖
   (B) 番薯的塊根繁殖
   (C) 蓮藕的莖繁殖

(D) 使茶樹枝條發根，種植後產生新植株

(E) 取金線蓮部分組織，誘使發根發芽長成新植株

4. 植物行光合作用受溫度的影響很大，下列何項敘述**最不合理**？

(A) 溫度影響水分蒸散量的高低

(B) 溫度影響氣孔開口的大小

(C) 溫度影響二氧化碳吸收的速率

(D) 溫度影響酵素反應的活性

(E) 溫度影響光反應步驟的多寡

5. 在血型系統中，Rh 也是一個重要因子。根據紅血球表面是否具有 Rh 抗原可分為 Rh 陽性（Rh^+）和 Rh 陰性（Rh^-），其抗原與抗體的分布情形如表 1。此外，已知孕婦的血液不與胎兒的血液直接相流通，但若該孕婦血液內具有 D 抗體，則有可能透過胎盤進入胎兒血液中。且已知生產過程，經由傷口，胎兒的部分血液可能進入母親的血液中。表 1 為不同 Rh 血型的抗原與抗體分布情形；表 2 為母親及其所懷胎兒之血型情況，請由抗體與抗原關係，判斷在正常情況下，下列敘述何者正確？

表1

特徵　血型	紅血球表面的 Rh 抗原（簡稱 D 抗原）	血漿中抗 Rh 抗原的抗體（簡稱 D 抗體）
Rh^+	有	無
Rh^-	無	無

表2

	案例一	案例二	案例三	案例四
母親	Rh^+	Rh^+	Rh^-	Rh^-
胎兒	Rh^+	Rh^-	Rh^+	Rh^-

(A) 案例一的懷孕過程，母親會產生 D 抗體

(B) 案例二的懷孕過程，母親會產生 D 抗體

(C) 案例三在生產後，母親有機會產生 D 抗體

(D) 案例四在生產後，母親有機會產生 D 抗體

(E) 案例四母親的血液中若含有 D 抗體，則會引起紅血球凝集

6. 某人到醫院進行血液檢查，護士採血並置入含適當的藥物使血液不凝集，且不改變血液原始狀態的試管中。此試管離心後，收集上層的液體。下列何種物質**最不易存在**於此上層液中？

(A) 水   (B) 抗體   (C) 電解質

(D) 血小板   (E) 血漿蛋白

7. 下列哪一種物質與適當的催化劑共熱，可得到氧氣？

(A) 水   (B) 氯酸鉀   (C) 碳酸鈣

(D) 硫酸鉀   (E) 碳酸氫鈉

8. 只由碳、氫、氧三元素組成的無機化合物，其水溶液受熱會分解產生氣體，試問此無機化合物的莫耳質量（g/mol）是下列哪一數值？

(A) 28   (B) 29   (C) 31

(D) 58   (E) 62

9. 硝酸銨（NH_4NO_3）受熱超過 $400℃$ 時，會完全分解產生水蒸氣、氮氣和氧氣。若將 40.0 克的硝酸銨，加熱至完全分解，至多會產生多少莫耳的氣體？

(A) 1.75   (B) 3.50   (C) 5.25

(D) 7.00   (E) 8.75

10. 下列有關任何一個陽離子的敘述，哪些正確？

（甲）必定具有質子　　　（乙）必定具有中子

（丙）必定具有電子　　　（丁）必定具有原子核

(A) 甲乙　　　　　　　(B) 乙丙　　　　　　　(C) 丙丁

(D) 甲丁　　　　　　　(E) 乙丁

11. 某一含有結晶水的草酸鎂（$MgC_2O_4 \cdot nH_2O$）樣品 1.00 克，若加熱至完全失去結晶水，所得無水草酸鎂的質量為 0.76 克，則 n 的數值為何？（MgC_2O_4 的莫耳質量為 112 g/mol）

(A) 1　　　(B) 2　　　(C) 3　　　(D) 4　　　(E) 5

12. 已知在 25℃，一大氣壓下，氫氣與氧氣化合產生 1 莫耳液態水和氣態水的熱化學反應式分別如下：

$$H_2(g) + \frac{1}{2}O_2(g) \longrightarrow H_2O(l) \qquad \Delta H = -285.8 \text{ kJ}$$

$$H_2(g) + \frac{1}{2}O_2(g) \longrightarrow H_2O(g) \qquad \Delta H = -241.8 \text{ kJ}$$

若在相同溫度與壓力下，將 1.0 克的水直接汽化為水蒸氣，則所需的能量（kJ）最接近下列哪一數值？

(A) 241.8　　　　　(B) 44.0　　　　　(C) 24.4

(D) 2.4　　　　　　(E) 0.3

13. 銅金屬溶於硝酸溶液的反應式如下：

$$Cu(s) + 4 HNO_3(aq) \rightarrow Cu(NO_3)_2(aq) + 2 NO_2(g) + 2 H_2O(l)$$

若將 6.35 克銅線，完全溶解於 2.00 M 的硝酸溶液，則至少需要硝酸溶液，約多少毫升？

(A) 50　　　　　　　(B) 100　　　　　　　(C) 150

(D) 200　　　　　　(E) 300

14. 下列甲至戊的物理現象，哪些會發生在聲波上？

甲：折射　　　　　　　乙：干涉　　　　　　　丙：繞射

丁：反射　　　　　　　戊：都卜勒效應

(A) 只有甲丁　　　　　　　　(B) 只有丁戊

(C) 只有甲丁戊　　　　　　　(D) 只有甲乙丙丁

(E) 甲乙丙丁戊

15. 下列甲至丁與光有關的敘述，哪些正確？

甲：日光中帶有隨時間變化的電場

乙：X 光中帶有隨時間變化的磁場

丙：微波爐可產生比可見光之波長還長的電磁波

丁：β 射線是一種短波長的電磁波

(A) 只有丙　　　　　(B) 只有甲乙　　　　　(C) 只有丙丁

(D) 只有甲乙丙　　　(E) 甲乙丙丁

16-17 為題組

　　甲生自一樓地面由靜止開始向上爬到一棟建築物的頂層地板後停止。假設在此過程，甲生消耗的體能中，用以克服重力的瞬時功率 P 隨時間 t 的變化如圖 1 所示。已知甲生的質量為 50 公斤，每層樓的高度為 3.0 公尺，重力加速度為 10 公尺/秒^2。

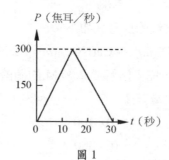

圖 1

16. 甲生從一樓地面爬至頂層樓板，所消耗的能量有多少焦耳用以克服重力？
    (A) 150　　　　　(B) 3000　　　　　(C) 4500
    (D) 6000　　　　(E) 9000

17. 若甲生爬樓克服重力所消耗的能量，等於上樓所增加的重力位能，則甲生相當於爬了幾個樓層的高度？
    (A) 1　　　(B) 3　　　(C) 5　　　(D) 7　　　(E) 9

18. 太平洋的表面鹽度在副熱帶海域中心有極大值。造成這種分布的主要原因為下列何者？
    (A) 此區域有洋流的匯合
    (B) 此區域的蒸發量大於降雨量
    (C) 大洋邊緣有大量淡水輸入
    (D) 陸地上的含鹽物質由風傳輸至此區域
    (E) 此區域發生大量的垂直混合

19. 研究人員在重建地球環境隨時間演變的歷史研究時，可以從很多材料中找尋相關紀錄。下列哪一選項的材料是**最難**獲得與時間演變相關的資料？
    (A) 塊狀石英　　　(B) 樹木年輪　　　(C) 珊瑚化石
    (D) 極區冰層　　　(E) 沉積岩層

20. 恆星表面近似黑體。依據黑體輻射，任何有溫度的物體都會自行放射各種不同波長的電磁波，其輻射強度與波長、表面溫度的關係如圖 2 所示。波長 400～700 奈米屬於可見光，且表面溫度越高的物體，輻射強度最強波段的電磁波越趨近短波。根據以上敘述與圖 2，判斷以下選項何者**錯誤**？

(A) 表面溫度 8000 K的恆星，只放射波長 400 奈米的電磁波

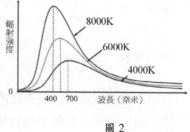

圖 2

(B) 如果恆星表面溫度為 3000 K，則強度最強波段的波長比 700 奈米長

(C) 我們看到的月光都是反射自太陽光，但月球本身也會放射其他波段的電磁波

(D) 在完全沒有任何燈源的暗室內，可以透過紅外光攝影機拍攝到裡面的人

(E) 太陽的表面溫度接近 6000 K，及某顆表面溫度高達 16000 K 的恆星，兩者皆可放射可見光

21. 地球目前以橢圓形軌道繞行太陽，想像如果地球繞行太陽的軌道變成正圓形，其他條件保持不變。則對地球的季節有什麼影響？

(A) 地球將沒有季節的變化

(B) 原先的夏季會變成冬季，冬季變成夏季

(C) 地球仍有季節變化，但夏季和冬季之間的溫差明顯變小

(D) 地球仍有季節變化，但夏季和冬季之間的溫差明顯變大

(E) 地球仍有季節變化，但和現在相比，沒有明顯的差別

22. 漂浮在海面上的海冰（冰山），僅考慮其融化的過程，最有可能造成當地海域發生下列哪一種現象？

(A) 海平面上升 (B) 海平面下降

(C) 表層海水鹽度增加 (D) 表層海水鹽度降低

(E) 表層海水溫度增加

二、**多選題**（占 28 分）

說明：第 23 題至第 36 題，每題均計分。每題有 n 個選項，其中至少有一個是正確的選項，請將正確選項畫記在答案卡之「選擇題答案區」。各題之選項獨立判定，所有選項均答對者，得 2 分；答錯 k 個選項者，得該題 $\dfrac{n-2k}{n}$ 的分數；但得分低於零分或所有選項均未作答者，該題以零分計算。

23. 下列物質進入細胞的方法，哪些正確？（應選 2 項）
    (A) 水以滲透作用進入仙人掌之根細胞
    (B) 氧經由簡單擴散進入狗之肺泡細胞
    (C) 酒精經主動運輸通過人腦細胞之細胞膜
    (D) 澱粉由運輸蛋白進入馬鈴薯之塊莖細胞
    (E) 碘離子以促進性擴散進入海帶之葉狀體細胞

24. 某人製備老鼠睪丸的組織切片後，拍攝照片一張，並標示甲～丙三種細胞類型如圖 3。下列敘述哪些正確？（應選 3 項）
    (A) 甲細胞具有雙套染色體
    (B) 甲細胞行有絲分裂形成乙型細胞
    (C) 乙細胞具有減數分裂的能力
    (D) 乙細胞之形態近似儲存於副睪的生殖細胞
    (E) 丙細胞於青春期受損，可能導致第二性徵發育不全

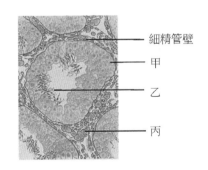

圖 3

25. 王同學的午餐共有下列五項：牛排、麵包、薯條、可樂及芭樂，進食後哪兩項食物所含的主要成分最先開始被消化？
（應選 2 項）
(A) 牛排　　　　　(B) 麵包　　　　　(C) 薯條
(D) 可樂　　　　　(E) 芭樂

26. 四種不同原子的代號爲 X、Y、Z、W。若已知穩定的 X^+ 和 Z^- 離子都具有 10 個電子，Y 的電子較 X 多 9 個，W 的電子較 Z 多 7 個，則下列有關此四種元素的敘述，哪些正確？（應選 3 項）
(A) Z 爲非金屬元素
(B) X 的最外層電子在 L 層
(C) Y 與 Z 所形成的穩定化合物可以用 YZ_2 表示
(D) Y 與 W 所形成的穩定化合物可以用 YW_2 表示
(E) X 與 W 所形成的穩定化合物可以用 X_2W 表示

27. 由甲與乙兩個半電池以鹽橋相連，形成一種化學電池，示意圖如圖 4。如果甲是以鋅爲電極，硫酸鋅水溶液爲電解液，而乙是以銅爲電極，硫酸銅水溶液爲電解液，鹽橋內是硝酸鉀水溶液，則可構成鋅－銅電池。下列有關鋅－銅電池的敘述，哪些正確？
（應選 2 項）
(A) 鋅電極發生氧化反應
(B) 發生氧化反應的電極稱爲正極
(C) 在半電池乙中，銅離子獲得電子，還原成銅
(D) 外電路中，電子從正極經導線流向負極
(E) 鋅－銅電池放電後，可以充電再使用，符合環保設計

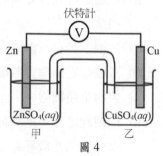
圖 4

28. 下列關於物質間基本交互作用的敘述，哪些正確？（應選 2 項）

(A) 原子核內兩質子間不存在重力交互作用

(B) 靜電力的作用範圍大於弱力的作用範圍

(C) 原子核內兩質子間同時具有靜電力與強力

(D) 原子核內的質子與在外環繞的電子間同時具有靜電力與強力

(E) 四種基本交互作用力的量值，均與兩物質間距離的平方成反比

29. 在圖 5 中，長直導線與導線環固定在同一紙平面上，當長直導線載有向右的電流 I 時，下列有關導線環上出現之應電流 i 的敘述，哪些正確？（應選 3 項）

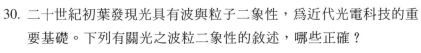

圖 5

(A) 當 I 為定值時，i 為零

(B) 當 I 隨時間增大時，i 為逆時鐘方向

(C) 當 I 隨時間增大時，i 為順時鐘方向

(D) 當 I 隨時間減小時，i 為逆時鐘方向

(E) 當 I 隨時間減小時，i 為順時鐘方向

30. 二十世紀初葉發現光具有波與粒子二象性，為近代光電科技的重要基礎。下列有關光之波粒二象性的敘述，哪些正確？（應選 3 項）

(A) 光的頻率愈高，則光量子的能量愈大

(B) 楊氏雙狹縫實驗，驗證了光的波動性質

(C) 入射光的波長愈長，愈容易產生光電效應

(D) 波與粒子二象性乃光子特性，其他物質並無波粒二象性

(E) 愛因斯坦以光能量的量子化，解釋光電效應，驗證了光的粒子性質

31. 下列關於二十世紀觀測到的宇宙微波背景輻射和恆星的敘述,哪些正確?(應選 2 項)
   (A) 宇宙微波背景輻射在宇宙中存在的時間大於恆星的年齡
   (B) 宇宙微波背景輻射的溫度,一定比恆星的表面平均溫度高
   (C) 宇宙微波背景輻射和恆星星光的光譜,都具有不連續的譜線
   (D) 宇宙微波背景輻射的平均波長,一定比恆星光譜的可見光波長還長
   (E) 宇宙微波背景輻射於空間中垂直通過每單位面積之功率在各方向的分布,比恆星星光更為不均勻

32. 拉塞福以 α 粒子撞擊金箔,發現偶爾會有大角度的散射,因而提出電子繞原子核運行,正如行星繞行太陽。下列關於拉塞福實驗與其原子模型的敘述,哪些正確?(應選 2 項)
   (A) α 粒子與原子的電子間沒有靜電力
   (B) α 粒子與原子核間的靜電力為吸引力
   (C) 原子中的電子若損失能量,可使電子更接近原子核
   (D) α 粒子偶爾會有大角度的散射,主要是因為與多個電子發生碰撞
   (E) α 粒子偶爾會有大角度的散射,主要是因為原子的正電荷集中於極小的原子核

33. 2009 年八八風災造成臺灣多處山區發生山崩和土石流,引起我們對土石流災害的重視。以下對土石流的描述,哪些正確?
   (應選 2 項)
   (A) 土石流是指泥砂及礫石等和水混合後,受重力作用向低處流的自然現象,是一種搬運力強的內營力
   (B) 山崩發生時,一定伴隨土石流

(C) 土石流的流動速度可以達到每秒數公尺，所以流動過程中不會有沉積作用

(D) 陡峭的山谷谷口沖積扇，再發生土石流的機率高，不適於定居

(E) 土石流的流速快並具突發性，易造成嚴重災情

34. 地球的固體結構中，最外部的地殼可區分為大陸地殼與海洋地殼。下列有關大陸地殼與海洋地殼的敘述，哪些正確？
（應選 2 項）

(A) 一般而言，大陸地殼的厚度較海洋地殼為厚

(B) 大陸地殼的密度較海洋地殼小

(C) 大陸地殼主要為矽鎂質岩石，而海洋地殼則以矽鋁質為主

(D) 目前發現最老的海洋地殼為 40 億年

(E) 海洋地殼主要為沉積岩層

35. 海洋與大氣間會有動量及能量相互轉移的交互作用，對於氣候變遷、颱風發展等不同尺度現象均非常重要。下列哪些海洋的現象和海洋與大氣間的交互作用有關？（應選 3 項）

(A) 大洋的表面環流　　(B) 波浪　　　　　(C) 潮汐

(D) 聖嬰現象　　　　　(E) 海嘯

36. 數值天氣預報是利用氣象儀器觀測大氣的各種資料，輸入電腦結合大氣模式（用來計算氣象學方程式的電腦程式）進行運算，用以預測未來天氣狀態。影響天氣的因素非常多，再加上計算精度的問題、科學理論不足的問題、觀測誤差的問題，導致電腦運算非常複雜，產生許多無可避免的誤差。以目前的科技，很難精確預知颱風的動向、強度、雨量等，因此先進國家的氣象單位都會

以「機率預報」的方式預報颱風路徑，而且不只颱風，平常的降雨也以機率預報為主。

根據以上敘述，造成「數值天氣預報」預報不確定性的可能來源有下列哪些因素？（應選3項）

(A) 觀測誤差與觀測不足（例如：海面上或高山地區觀測數據有限）

(B) 目前的電腦計算仍無法精確的模擬複雜的大氣系統

(C) 科學家對影響天氣系統的因素仍無法完全了解

(D) 觀測儀器越來越多，導致電腦運算速度降低

(E) 採用機率預報

三、綜合題（占 8 分）

說明：第 37 題至第 40 題，每題 2 分，每題均計分，請將正確選項畫記在答案卡之「選擇題答案區」。單選題答錯、未作答或畫記多於一個選項者，該題以零分計算；多選題每題有 n 個選項，答錯 k 個選項者，得該題 $\dfrac{n-2k}{n}$ 的分數；但得分低於零分或所有選項均未作答者，該題以零分計算。

37-40 為題組

　　溫室效應是全球暖化的主要原因之一，大氣中能夠吸熱的氣體稱為溫室氣體，尤其是碳化合物如二氧化碳、甲烷等，不但吸熱效率高而且也因人類活動而持續攀升中。大氣中的二氧化碳有多種來源，包括：化石燃料的燃燒、碳酸鹽受熱、動植物的呼吸作用、酵母菌發酵以及火山爆發等。圖 6 為溫室效應的簡化模型之一（圖中數據的單位為 W/m^2），展現了自然界，包含了太空、大氣與地表（水、陸平均）之間的能量流向與功率，以及溫室效應。

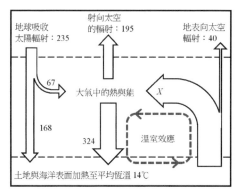

圖 6

　　極地環境對於暖化極為敏感,因為只要溫度稍高於冰點,水就從固相轉變為液相,整個極地環境賴以維繫的冰與凍土,就開始瓦解。封存於冰與凍土中大量的碳,也將會以二氧化碳或甲烷等溫室氣體形式大量釋出;此外,有機物如長毛象等動植物遺體,不僅因升溫而露出或解凍,亦將被微生物分解而釋放出大量溫室氣體。極地因暖化解凍釋出的溫室氣體,雖不在早期溫室效應危害的預估之中,但因其量大而且是個惡性循環,大大的增強了溫室效應對全球環境的危害程度與速率。依據以上敘述,回答 37-40 題。

37. 下列有關微生物分解長毛象遺體的因素,何者的影響最小?

    (A) 光照度　　　　　　(B) 曝氣度　　　　　　(C) 溫度

    (D) 溼度　　　　　　　(E) pH值

38. 下列哪一項**不是**產生二氧化碳的主要化學反應?

    (A) $CaCO_3(s) \rightarrow CaO(s) + CO_2(g)$

    (B) $C_6H_{12}O_6(aq) \rightarrow 2\ C_2H_5OH(aq) + 2\ CO_2(g)$

    (C) $C_6H_{12}O_6(aq) + 6\ O_2(g) \rightarrow 6\ CO_2(g) + 6\ H_2O(l)$

    (D) $CH_4(g) + 2\ O_2(g) \rightarrow CO_2(g) + 2\ H_2O(l)$

    (E) $Fe_2O_3(s) + 3\ CO(g) \rightarrow 2\ Fe(s) + 3\ CO_2(g)$

39. 圖 6 中 X 為地表每單位面積轉移給大氣的熱量功率。依據圖 6 的資料與能量守恆定律，並以 W / m^2 為單位時，X 的數值最接近下列何者？

(A) 452　　　　　　(B) 492　　　　　　(C) 324

(D) 235　　　　　　(E) 168

40. 人類活動導致大氣溫室氣體濃度增加，增強大氣溫室效應，造成全球暖化。下列相關敘述哪些正確？（應選 2 項）

(A) 全球暖化造成聖嬰現象，使東太平洋的海洋表面溫度偏高

(B) 使用煤炭會排放二氧化碳，也會產生懸浮微粒，兩者皆一定會使地球的大氣增溫

(C) 減少食用牛肉也可以減緩暖化，主要是可以減少牛隻排放的二氧化碳和甲烷

(D) 大氣中的溫室氣體除了二氧化碳與甲烷外，還有水氣及氟氯碳化物等

(E) 全球暖化造成大氣臭氧層破洞，國際締約通過蒙特婁議定書禁用氟氯碳化物

第貳部分（占 48 分）

說明：第 41 題至第 68 題，每題 2 分。單選題答錯、未作答或畫記多於一個選項者，該題以零分計算；多選題每題有 n 個選項，答錯 k 個選項者，得該題 $\dfrac{n-2k}{n}$ 的分數；但得分低於零分或所有選項均未作答者，該題以零分計算。此部分得分超過 48 分以上，以滿分 48 分計。

41. 下列有關基因或遺傳因子與遺傳關係之推論，哪些正確？（應選 2 項）

(A) 孟德爾的遺傳試驗中，豌豆之遺傳因子有顯隱性之分

(B) 孟德爾實驗中的種子形狀和顏色，兩基因位於同一條染色體上

(C) 人的身高是由多基因所控制，而每一基因仍維持顯隱性

(D) 引起紅綠色盲的等位基因位於 Y 染色體，故男性發生色盲的機率較女性高

(E) 依孟德爾獨立分配律，人的族群中 AB：A：B：O 之血型比應為 1：3：3：9

42. 下列哪些事件中有氫鍵被打斷的現象？（應選 3 項）

(A) DNA 的複製　　　　　　　(B) DNA 的轉錄

(C) mRNA 的轉譯　　　　　　(D) 葡萄糖合成麥芽糖

(E) 連接酶將兩段 DNA 黏合的過程

43. 依據「界、門、綱、目、科、屬、種」之生物分類系統，若從某個「科」的成員中逢機採取兩個樣本，其基因差異（距離）通常會高（大）於下列哪些分類階層？（應選 2 項）

(A) 目　　(B) 綱錄　　(C) 門　　　(D) 物種　　(E) 屬

44. 圖 7 為脊椎動物之演化關係圖，下列四類動物依序填入 1～4 之位置，何者正確？

(A) 狗、蛇、猴、雞

(B) 蛇、雞、狗、猴

(C) 雞、狗、蛇、猴

(D) 蛇、猴、雞、狗

(E) 蛇、狗、雞、猴

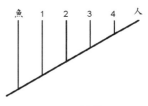

圖 7

45. 假設圖 8 為臺灣地區人口之實測（實線）及預測（虛線）圖，圖 9 為該地區在 103 年之不同年齡的人口數量分布圖。又設民國 110 年之人口約為 2000 萬人，且亡率在人口最多的年齡後遞增。依圖 8 及圖 9 所示，下列敘述哪些正確？（應選 3 項）

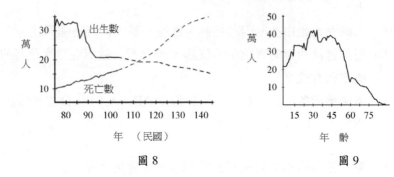

圖 8　　　　　　　　　圖 9

(A) 民國 105 年臺灣地區人口仍在成長

(B) 民國 110 年時的出生率約為 20%

(C) 民國 115 年時圖 9 曲線的高峰向右移

(D) 民國 125 年後人口減少速率加快

(E) 臺灣地區人口的成長曲線為典型之 S 型

46. 有關探討活動「觀察洋蔥根尖細胞染色體」的實驗，下列敘述何者正確？

(A) 正處於有絲分裂狀態的細胞都集中在根尖最前端的 2 層細胞

(B) 當細胞中可以觀察到染色體時，也可以看到細胞核

(C) 當染色分體互相分離時，染色體之形狀為趨向兩極的 V 型

(D) 視野下約有 90% 的細胞處於分裂狀態，且染色體明顯可見

(E) 根尖細胞相當大，不需染色即可觀察到有絲分裂進行中的細胞

47. 下列有關生態系的敘述，哪些正確？（應選 2 項）
    (A) 理想環境下的族群隨時間而發展，會先歷經對數成長，然後逐漸適應達到平衡
    (B) 群集通常隨時間發展而使物種數減少，並產生顛峰群集的過程稱為消長
    (C) 生態系的營養階層是指某一物種在系統內所囊括營養成分的多寡
    (D) 生態系的碳循環中，生產者會注入碳源，也會將碳排出系統
    (E) 臺灣不同海拔高低的陸域生態系分布，大約可與全球不同緯度高低的陸域生態系相互比擬

48. 某一含碳、氫及氧的有機化合物，其分子量為氫氣的 37 倍。取此化合物 74 克，與足量的鈉反應，產生 1.0 克的氫氣。已知 1.0 莫耳的一元醇與足量的鈉反應可產生 0.5 莫耳的氫氣，1.0 莫耳的二元醇與足量的鈉反應可產生 1.0 莫耳的氫氣；而醚、酯與酮類皆不會與鈉發生反應。試問下列何者可能為此有機化合物？
    (A) CH_3COOCH_3
    (B) $CH_3CH_2COCH_3$
    (C) $CH_3CH_2OCH_2CH_3$
    (D) $HOCH_2CH_2CH_2OH$
    (E) $CH_3CH_2CH_2CH_2OH$

49. 王同學用藍色原子筆芯的油墨進行界面活性劑效應的實驗，先配製了甲、乙、丙三個試樣，然後觀察溶液的顏色與油墨的分布情況，結果如表 3 所示。

表 3

試樣	組成	溶液的顏色	油墨分布情況
甲	油墨 + 10 mL 純水	淡藍色	分布不均
乙	油墨 + 10 mL 純水 + 少量十二烷基磺酸鈉	深藍色	分布均勻
丙	油墨 + 1 mL 乙酸乙酯	深藍（紫）色	藍色油墨全溶

根據實驗觀察的結果與推論，試問下列相關敘述，哪些正確？
（應選 3 項）

(A) 甲試樣中的油墨分布不均，表示油墨不易溶於水

(B) 乙試樣中的十二烷基磺酸鈉是界面活性劑，故試樣乙會呈現均勻混合

(C) 丙試樣中的油墨形成全溶的藍色油墨溶液，表示油墨可溶於乙酸乙酯中

(D) 將丙試樣再加入 1 mL 純水，則溶液會分成上下兩層，藍色的油墨主要會在下層

(E) 若將少量氯化鈣水溶液加入乙試樣，因鈣離子會破壞界面活性劑的效果，故溶液會形成不易混合均勻的上下兩層

50. 取五支試管，置於試管架上，分別倒入 1 毫升的甲苯、乙醇、丙酮、乙酸乙酯與己烷。若在該五支試管中，分別慢慢滴入純水各 1 毫升，並加以搖晃，則哪些試管會呈現均勻的混合溶液？
（應選 2 項）

(A) 甲苯　　　　　　(B) 乙醇　　　　　　(C) 丙酮
(D) 乙酸乙酯　　　　(E) 己烷

51. 葡萄糖、半乳糖與核糖是三種皆由碳、氫、氧組成的醣類有機化合物，經元素分析得到相同的結果如下：碳 40.0%，氫 6.7%。葡萄糖與半乳糖的分子量都是 180，核糖的分子量是 150。試問下列有關葡萄糖、半乳糖與核糖的敘述，哪些正確？（應選 2 項）

(A) 葡萄糖與半乳糖互為異構物

(B) 葡萄糖與半乳糖為同素異形體

(C) 葡萄糖、半乳糖與核糖互為異構物

(D) 葡萄糖、半乳糖與核糖有相同的實驗式

(E) 葡萄糖、半乳糖與核糖三者的分子式皆為 $C_6H_{12}O_6$

52. 常溫時，下列哪一物質溶於純水後，可使水溶液的 pH 值小於 7.0？

 (A) NO_2 (B) CaO   (C) $NaHCO_3$

 (D) $CaCl_2$ (E) Na_2CO_3

53. 鑽石與石墨是碳的共價網狀固體。其中，鑽石質地堅硬，而石墨是易脆的物質。下列有關兩者的敘述，哪些正確？（應選 3 項）

 (A) 石墨具有導電性，鑽石則否

 (B) 鑽石與石墨都是高熔點的固體

 (C) 鑽石是三維網狀排列，而石墨是二維層狀排列

 (D) 鑽石的每個碳原子連接三個碳原子，而石墨的每個碳原子連接四個碳原子

 (E) 鑽石中碳原子間連接形成的幾何結構為三角形，而石墨中碳原子間連接形成的幾何結構為四面體形

54. 下列哪一種現象或作用，**不涉及**氧化還原反應？

 (A) 煉鐵時加入煤焦   (B) 鋁粉與鹽酸作用

 (C) 蘋果切開後曝於空氣   (D) 硝酸銀水溶液加入食鹽

 (E) 具金屬光澤的銅線在空氣中受熱

55-57 為題組

  自古流傳：「種田無定例，全要靠節氣。」24 節氣於 2016 年已正式列入聯合國教科文組織人類非物質文化遺產名錄，它的訂定是以 24 個節氣為分段點，將地球繞太陽公轉的軌道劃分為 24 段，相鄰兩節氣所對應之地球到太陽的連線，其夾角均為 15°。北半球某年春夏秋冬四季中等角度間隔之相鄰兩節氣如圖 10 所示（僅為示意圖，未完全符合實際情況）。表 4 列出了各季節兩節氣之間的時

距。假設表中相鄰兩節氣之間，地球與太陽連線平均每秒鐘掃過的角度分別為 $\omega_春$、$\omega_夏$、$\omega_秋$、$\omega_冬$，而平均每秒鐘掃過的面積分別為 $\lambda_春$、$\lambda_夏$、$\lambda_秋$、$\lambda_冬$。

表 4

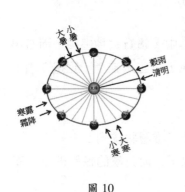

圖 10

季	節氣	時距	物理量
春	清明 穀雨	15 天 07 時 09 分	$\omega_春$、$\lambda_春$
夏	小暑 大暑	15 天 17 時 26 分	$\omega_夏$、$\lambda_夏$
秋	寒露 霜降	15 天 13 時 09 分	$\omega_秋$、$\lambda_秋$
冬	小寒 大寒	14 天 17 時 27 分	$\omega_冬$、$\lambda_冬$

依據以上資料及克卜勒等面積定律，回答 55-57 題。

55. 關於相鄰兩節氣之間地球與太陽連線平均每秒掃過的角度，下列敘述何者正確？

(A) $\omega_春$ 最大　　　　(B) $\omega_夏$ 最大　　　　(C) $\omega_秋$ 最大

(D) $\omega_冬$ 最大　　　　(E) $\omega_春$、$\omega_夏$、$\omega_秋$、$\omega_冬$ 都相等

56. 關於相鄰兩節氣之間地球與太陽連線每秒鐘掃過的面積，下列敘述何者正確？

(A) $\lambda_春$ 最大　　　　(B) $\lambda_夏$ 最大　　　　(C) $\lambda_秋$ 最大

(D) $\lambda_冬$ 最大　　　　(E) $\lambda_春$、$\lambda_夏$、$\lambda_秋$、$\lambda_冬$ 都相等

57. 隨著季節變化，地球與太陽的距離以及地球公轉的速率也會變化，比較表 4 中的四季時段，並利用克卜勒等面積定律，下列有關地球公轉的推論，何者正確？

(A) 從節氣時距的大小，無法推論地球距太陽遠近的變化

(B) 從節氣時距最小，可以推論冬季時地球運行最慢

(C) 從節氣時距最小，可以推論冬季時地球距太陽最近

(D) 從節氣時距最大，可以推論夏季時地球距太陽最近

(E) 從節氣的訂定，可以推論地球在兩節氣之間公轉的路徑長，
四季都相同

58. 自行車以等速繞行水平的圓弧彎道時，與輪胎接觸的地面須提供
自行車足夠的向心力，方能順利轉彎。在相同的彎道轉彎，若速
率變為原來的 2 倍時，所需的向心力約需變為原來的多少倍？

(A) 1/4　　(B) 1/2　　(C) 1　　(D) 2　　(E) 4

59. 王先生將半徑相等的甲、乙兩球對撞，以產生一維彈性碰撞，若
甲球的質量為乙球的 2 倍，則下列有關兩球碰撞的敘述，哪些正
確？（應選 2 項）

(A) 甲、乙兩球的動量變化量之量值相同

(B) 甲球的動量變化量之量值約為乙球的 2 倍

(C) 乙球的速度變化量之量值為甲球的 2 倍

(D) 甲球的動能變化量為乙球的 2 倍

(E) 乙球所受撞擊力的量值為甲球的 2 倍

60-61 為題組

　　某人駕駛汽車在筆直水平路面上
行駛，遇紅燈而停，綠燈亮時車開始
前進並設此時刻為 $t = 0$，由此時刻到
$t = 85$ 秒的期間，汽車加速度 a 與時
間 t 的關係如圖 11 所示。

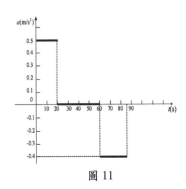

圖 11

60. 下列關於此汽車運動的敘述，哪些正確？（應選 2 項）

    (A) 汽車在 0 到 20 秒間作等速運動

    (B) 汽車在 20 到 60 秒間靜止不動

    (C) 汽車在 20 到 60 秒間以等速前進

    (D) 汽車在 60 到 85 秒間速度可能小於 0

    (E) 汽車在 $t = 85$ 秒時恰好停止

61. 此汽車在 $0 \leq t \leq 85$ 秒期間，共行駛多長的距離？

    (A) 625 m   (B) 525 m   (C) 485 m

    (D) 300 m   (E) 100 m

62. 地球各緯度地區所接受的陽光入射量與紅外線輻射放出量之不同，本應會造成高、低緯度的氣溫有極大差異，但是因為地球上的許多機制可以傳送能量，而縮減了地球赤道與極區的溫差。以下哪些作用對地球溫度的「年度平衡」有明顯貢獻？（應選 2 項）

    (A) 碳循環   (B) 溫鹽環流   (C) 表面洋流

    (D) 大氣環流   (E) 岩石循環

63-64 為題組

    石門水庫為兼具灌溉、給水、發電、防洪與觀光的多功能水庫，圖 12 為石門水庫集水區 1982～2011 年的 30 年平均以及 2014 年、2015 年（至 7 月）的月降雨量；圖 13 中虛線為石門水庫運用規線，實線為 30 年平均水位，圓圈與星號分別為 2014 年與 2015 年（至 7 月底）的水位。

    當水位低於運用規線下限時將採取減供水措施，以 2015 年的乾旱為例，2014 年 12 月底水位為 233 公尺，為因應乾旱，2015 年 1 月公告稻作休耕，隨著旱象加劇，3 月底水位降至 220 公尺，自

4 月 8 日實施民生用水供 5 停 2 的限水措施，直到 5 月梅雨鋒面抵達，水位在 5 月底時回升至 232 公尺才解除限水，更於 7 月 19 日（因颱風降水）進行調節性洩洪。

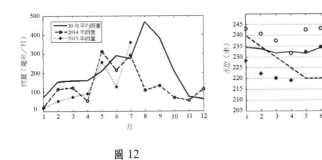

圖 12　　　　　　　　　圖 13

63. 依據圖 12 中 30 年平均的統計資料與臺灣地區降水特性，下列敘述哪些最為正確？（應選 3 項）

(A) 6 月、7 月、8 月、9 月主要都因為颱風而帶來大量降水

(B) 7 月的降雨量較 8 月低的原因，主要是因為颱風發生次數較少

(C) 一般而言，石門水庫蓄水量的主要貢獻來自颱風、梅雨

(D) 颱風降水對於石門水庫蓄水量的貢獻不一定每年都一樣

(E) 曾文水庫集水區的降水時間分布和石門水庫集水區類似

64. 配合圖 12 與圖 13 的資料，下列敘述哪些正確？（應選 3 項）

(A) 水庫運用規線下限水位較 的月份，主要是該期間雨量偏低

(B) 水庫水位的高低變化和降水的多寡有很高的相關性，和用水量多寡無關

(C) 2015 年的乾旱最主要成因是 2014 年的颱風降水不足

(D) 2015 年的春雨降水仍不足以有效解除旱象

(E) 2015 年供 5 停 2 限水措施的解除是由於颱風降水的挹注

65. 太魯閣國家公園中九曲洞的大理岩峽谷美不勝收，此壯麗山河主要是因為下列哪些作用歷經久遠時間才形成的？（應選 3 項）
    (A) 變質作用
    (B) 風化作用
    (C) 隆起作用
    (D) 侵蝕作用
    (E) 土石流作用

66. 地球上各式各樣的地下資源可透過不同的地球物理方法進行探勘。例如：反射震測可以描繪地下地質形貌，適合瞭解地下構造變化；重力測勘可測量地下物質的密度變化，適合瞭解高、低密度岩層的分布；磁力測勘可測量磁力變化，適合找尋含磁性礦物的礦脈分布；地電阻測勘法可測量地下物質的導電率，適合瞭解不同物質的分布。根據以上敘述及表 5 資料，下列哪一個組合是探勘甲、乙、丙三種地下資源的最佳方法？

表 5

地下資源		
甲：地下水	乙：石油	丙：鐵礦
地球物理方法		
a：反射震測法	b：重力測勘法	c：磁力測勘法	d:地電阻測勘法

    (A) 甲 –a、乙 –b、丙 –d
    (B) 甲 –c、乙 –a、丙 –d
    (C) 甲 –b、乙 –d、丙 –c
    (D) 甲 –d、乙 –a、丙 –c
    (E) 甲 –a、乙 –b、丙 –c

67. 部分無線電波能夠穿透大氣層，因此可以在地面上進行無線電波
觀測。比較相同口徑的無線電波望遠鏡及光學望遠鏡，無線電波
會因為波長比可見光長，導致其解析度較低。為了提高無線電波
觀測的解析度，可以利用以下哪些技術？（應選 2 項）

(A) 增加望遠鏡發射無線電波的功率

(B) 加大無線電波望遠鏡口徑

(C) 減少周邊的光害

(D) 將多部無線電波望遠鏡組成陣列

(E) 將無線電波望遠鏡建置於晴天比率高的地點

68. 王先生的房子位於某一活動斷層旁邊，因為發生大地震，地表
斷層錯動而全毀；但位於斷層線另一側同一批房屋則僅有零星
損失。表 6 的資料為王先生房子的位置與斷層種類，哪些選項
的配對最有可能造成此現象？（應選 2 項）

表 6

	房子位置	活動斷層種類
(A)	上盤	正斷層
(B)	下盤	正斷層
(C)	上盤	逆斷層
(D)	下盤	逆斷層
(E)	上盤	平移斷層
(F)	下盤	平移斷層

106年度學科能力測驗自然科試題詳解

第壹部分

一、單選題

1. **C**
   【解析】 (A) 2 個高能磷酸鍵。
   　　　　 (B) 雙醣分子轉變成單醣分子會釋放 ATP。
   　　　　 (C) 正確。
   　　　　 (D) 還有 NADPH。
   　　　　 (E) 碳反應不受光線限制，黑暗環境也可以產程 ATP。

2. **B**
   【解析】 (A)(D) 被子植物才有的構造。
   　　　　 (C)(E) 種子植物才開始有的構造。

3. **A**
   【解析】 種子是受精過後的產物。

4. **E**
   【解析】 光反應步驟的數量是固定的。

5. **C**
   【解析】 (A)(B) 因爲母親本身就有 D 抗原，因此不可能會產生
   　　　　　　　 D 抗體來對抗自己。
   　　　　 (C) 原本母親的血液裡沒有 D 抗體，但因爲生產過程
   　　　　　　　 中嬰兒的血液可能會跑進母親血液，母親就會因
   　　　　　　　 爲接觸到 D 抗原而產生 D 抗體。

(D) (E) 母親的血液皆沒有接觸過 D 抗原，因此不會產生 D 抗體。

6. **D**

【解析】 上層主要是血漿，血小板屬於血球的一部分，會沉澱在下面，因此不會被取到。

7. **B**

【解析】 各選項加熱分解的結果如下：
(A) 水：水蒸氣
(B) 氯酸鉀：氧氣 + 氯化鉀
(C) 碳酸鈣：二氧化碳 + 氧化鈣
(D) 碳酸氫鈉：二氧化碳 + 水 + 碳酸鈉
所以選 (B)。

8. **E**

【解析】 題目給予的線索有三點：無機化合物、碳 + 氫 + 氧、水溶液加熱產生氣體。
我們先從無機化合物縮小範圍
因為含碳又不是有機物的，只有以下幾種
一氧化碳（CO），二氧化碳（CO_2），碳酸（H_2CO_3）
再者既然說水溶液，可以排除 CO（因為不溶於水）
剩下兩種的分子量
二氧化碳（CO_2）= 12 + 32 = 44，
碳酸（H_2CO_3）= 2 + 12 + 48 = 62
不存在 44 的選項，所以選 (E) 62。

9. **A**

【解析】 本題爲考驗方程式平衡的技巧

$$2 NH_4NO_3 \rightarrow 4 H_2O + 2 N_2 + O_2$$

所以根據反應式係數，只要知道硝酸銨的莫耳數，就可以算出產物的莫耳數。

又莫耳數 = 重量 / 分子量

硝酸銨分子量 = 14 + 4 + 14 + 48 = 80

80/40 = 0.5 (mole) 硝酸銨莫耳數。

產物莫耳數：

每 2 莫耳硝酸銨產生（4 + 2 + 1）= 7 莫耳氣體

0.5 莫耳硝酸銨 產生 7 × 0.5/2 = 1.75（莫耳），選 (A)。

10. **D**

【解析】 最簡單的陽離子是 H^+，所以

（甲）對

（乙）錯：中子數 = 0

（丙）錯：沒有電子（因爲氫原子只有一個電子）

（丁）對

所以選 (D) 甲丁。

11. **B**

【解析】 簡單的比例概念

無水硫酸鎂（質量）：含水硫酸鎂（質量）

= 無水硫酸鎂（分子量）：含水硫酸鎂（分子量））

所以根據題目的數據，

0.76 : 1 = 112 : X　 可算出 X = 147（大約）

又 X = 112 + 18 n（因爲含水硫酸鎂 = 無水硫酸鎂 + n 個水）可算出 n = 2，故選 (B)。

12. **D**

【解析】 題目給了兩個反應式，比較後可發現：

唯一的差異在於：右邊產物水的型態不同（上者為氣態，下者為液態）

所以兩式的能量差，就是氣態水 VS 液態水的內能差

[–241.8 – (–285.8) = 44 KJ] 且方程式的水係數為 1，可知此內能差為 1 莫耳的量

題目所問 1g 所需要的熱量 = 44 × (1/18) = 2.4 KJ

（因為 1 莫耳水為 18g），答案選 (D)。

13. **D**

【解析】 此題為簡單的莫耳係數比換算

根據方程式可知 1 mole Cu 需要 4 mole HNO_3

又銅莫耳數 = 6.35/63.5 = 0.1 mole

所以硝酸需要 0.4 mole 硝酸莫耳數 = 莫耳濃度 (M) × 體積 (L)

所以體積 = 0.4/2 = 0.2 (L) = 200 (ml)，故選 (D)。

14. **E**

【解析】 聲波為力學波，故有折射、干涉、繞射、反射及都卜勒效應。

15. **D**

【解析】 甲、乙：日光與 X 光均為電磁波，所以都有隨時間變化的電場與磁場。

丙：微波波長約為 1 mm～1 m，可見光波長約為 400 nm～700 nm，故微波波長大於可見光波長。

丁：β 射線為高速移動的電子，非電磁波。

16-17 為題組

16. **C**

【解析】 $E = Pt = Pt$ 圖所圍面積 $= \dfrac{0 \times 30}{30} = 4500 \ (J)$

17. **B**

【解析】 $E = U = mgh$

$4500 = 50 \times 10 \times h$

$h = 9 \ (m) = 3$ 層樓高

18. **B**

【解析】 副熱帶海域因為受到副熱帶高壓的影響，降雨量較少，在溫度相對仍高的情況下，蒸發量 > 降雨量，因此成為鹽度最高的海域。

19. **A**

【解析】 石英是無機物，不會記錄隨時間演變的內容。

20. **A**

【解析】 400 是表面溫度 8000K 的星體強度最強的波段，不是唯一一個放出的波長。

21. **E**

【解析】 軌道變成圓形，但自轉軸還是維持 23.5 度，因此仍有四季變化。而基本上近日點與遠日點，各自與太陽距離的遠近對四季溫度的影響相當輕微，所以就算軌道變成圓形之後，地球夏冬的溫差是沒有明顯改變的。

二、多選題

22. **D**

　　【解析】海冰屬於淡水，融化之後會稀釋當地海域的鹽度，因此當地表層海水鹽度降低。

23. **AB**

　　【解析】(C) 酒精會溶解脂質，因此會破壞腦細胞的細胞膜。

　　　　　　(D) 澱粉是葡萄糖被運輸至塊莖細胞之後才被合成出來的。

　　　　　　(E) 碘離子以主動擴散進入海帶之葉狀體細胞。

24. **ADE**

　　【解析】(B) 甲細胞行減數分裂形成乙型細胞。

　　　　　　(C) 乙細胞只有單套染色體，不具有減數分裂的能力。

25. **BC**

　　【解析】麵包與薯條的主要成分為澱粉，進入口腔之後就會先被唾液分解。

26. **ACE**

　　【解析】根據題目所給線索推理如下：

　　　　　　X^+ 有 10 個電子 → X 有 11 個電子

　　　　　　→ 原子序 11：Na（第三周期）

　　　　　　Z^- 有 10 個電子 → Z 有 9 個電子

　　　　　　→ 原子序 9：F（第二周期）

　　　　　　Y 電子比 X 多 9 個 → Y 有 20 個電子

　　　　　　→ 原子序 20：Ca（第四周期）

W 電子比 Z 多 7 個 → W 有 16 個電子

→ 原子序 16：S（第三周期）

各選項結果

(A) 對：Z 為氟，非金屬

(B) 錯：X 最外層是 M 層

(C) 對：$Ca^{2+}F^{-1} \rightarrow CaF_2$

(D) 錯：CaS

(E) 對：Na_2S

所以選 (A)(C)(E)。

27. **AC**

【解析】 鋅銅電池經由氧化還原反應產生電流

(A) 對：鋅發生氧化，銅離子發生還原

(B) 錯：陽極（負極）氧化，陰極（正極）還原

(C) 對：銅離子發生還原，變成銅金屬

(D) 錯：電子從負極流出，經外電路到正極

28. **BC**

【解析】 (A) 質子具有質量，故存在重力作用。

(B) 靜電力作用範圍為無窮遠，弱力作用範圍為質子的內部結構（$10^{-18} m$）。

(C) 質子間有互相排斥的靜電力，原子核內有強力存在，故原子核內的兩質子同時具有靜電力與強力。

(D) 強力作用範圍僅在原子核內。

(E) 僅重力與靜電力作用量值與距離平方成正比。

29. **ABE**

【解析】 (A) 長直導線電流 I 固定時，導線環的磁通量不變，
故應電流 $I = 0$。

(B) (C) 長直導線電流 I 隨時間增大時，導線環入紙面的
磁通量增大，由冷次定律可得應電流 I 為逆時鐘方
向。

(D) (E) 長直導線電流 I 隨時間減小時，導線環入紙面的
磁通量減小，由冷次定律可得應電流 I 為順時鐘方
向。

30. **ABE**

【解析】 (A) 根據 $E = hf$，可得光的頻率愈高，光量子能量愈
大。

(B) 楊氏雙狹縫實驗證實光具有干涉的波動性質。

(C) 入射光波長愈長則頻率愈低，由 $E = hf$ 可知光量
子能量愈低，故不易產生光電效應。

(D) 物質也有波粒二象性。

31. **AD**

【解析】 (A) 宇宙微波背景輻射在宇宙生成時即存在。

(B) 宇宙微波背景輻射的溫度為 3K，遠小於恆星表面平
均溫度。

(C) 宇宙微波背景輻射與恆星光譜皆為連續光譜。

(D) 宇宙微波背景輻射為微波，波長大於可見光波長。

(E) 宇宙微波背景輻射具等向性為均勻分布。

32. **CE**

【解析】 (A)(B) α 粒子為帶正電的氦核，與帶負電的電子具有吸引力，與帶正電的原子核則有排斥力。

(C) 由波耳氫原子模型可知，若電子繞原子核運動時會輻射出電磁波（損失能量），電子將會逐漸靠近原子核，最終墜落於原子核。

(D)(E) 偶而會大角度散射的主因為，金原子核體積甚小而質量甚大，且與 α 粒子間具有排斥力。

33. **DE**

【解析】 (A) 搬運屬於外營力。

(B) 不一定。

(C) 搬運作用通常都會伴隨沉積作用。

34. **AB**

【解析】 因為大陸地殼的密度比海洋地殼低，所以大陸地殼比海洋地殼體積較大且厚。

35. **ABD**

【解析】 (C) 潮汐為海洋與月球及太陽引力的交互作用。

(E) 海嘯為海洋與地震波的交互作用。

36. **ABC**

【解析】 (D) 觀測儀器越來越多，運用的主機功能就會越來越強，電腦運算速度越來越快。

(E) 採用數據統計預報。

三、綜合題

37-40 為題組

37. **A**

【解析】 在溫度、濕度、曝氣度、pH 值都適合的情況下，光照度的多寡並不會成為微生物分解遺體的因素，就算遺體被埋在土壤中照不到陽光，仍然可以被微生物分解。

38. **E**

【解析】 本題答案是從題目的第一段第三行尋找「大氣中的二氧化碳有多種來源，包括……」

(A) 碳酸鈣（碳酸鹽）受熱分解

(B) 葡萄糖無氧分解（酵母菌發酵）

(C) 葡萄糖有氧分解（動物的呼吸作用）

(D) 甲烷燃燒（化石燃料的燃燒）

(E) 氧化鐵還原（題目並未提到）

故選 (E)。

39. **A**

【解析】 由能量守恆定律：$168 + 324 = X + 40$ $\therefore X = 452 \ (W/m^2)$

40. **CD**

【解析】 (A) 聖嬰現象的發生與全球暖化無關，但全球暖化會增加低氣壓帶來的降雨強度，使得聖嬰現象變得嚴重。

(B) 懸浮微粒影響空氣品質，並不一定會對地球大氣增溫有影響。

(E) 全球暖化並未造成臭氧層破洞。

第貳部分

41. **AC**

【解析】 (B) 位於不同條染色體。

(D) 位於 X 染色體。

(E) 是 2：3：3：1。

42. **ABC**

【解析】 (A)(B) 都需要解旋酶來打斷氫鍵，解開雙股螺旋。

(C) 在 mRNA 的轉譯過程中，氫鍵會離開。

(D)(E) 為脫水的過程。

43. **DE**

【解析】 位階越低，親緣關係越近。

44. **B**

【解析】 脊椎動物演化依序為魚類 → 爬蟲類 → 鳥類 → 哺乳類，而人與猴的親緣關係比狗近。

45. **ACD**

【解析】 (A) 105 年出生數 > 死亡數，因此人口數增加。

(B) 110 年預測「出生數」為 20 萬人，而不是出生率，需注意單位。

(D) 125 年後死亡數快速上升，因此人口減少速率加快。

(E) S 型生長曲線最後有人口平衡期，但預測人口數在未來是衰退中。

46. **C**

【解析】 (A) 最前端的細胞為根冠，不是主要行有絲分裂的分生區。

(B) 當染色體被解開成染色質的時候，細胞和比較容易被辨認出來。

(D) 根尖分生區的分裂細胞數量占少比例。

(E) 仍須染色才能看到。

47. **DE**

【解析】 (A) 理想環境下的族群會先經過適應才會到對數期的成長。

(B) 消長為群集的物種組成隨時間及環境而改變的過程，物種數可能會由少漸多。

(C) 生態系的營養階層是一個類似金字塔型的結構，是根據某一物種在食物鏈中的地位所排序。

48. **E**

【解析】 分子量

氫氣 = 2，所以此化合物分子量 = 2 × 37 = 74

所以 74 g 剛好 1 mole

產生氫氣 1 g = 0.5 mole

所以此化合物 1 mole 產生 0.5mole 氫氣

可知為一元醇，只有一個 -OH，選 (E)。

49. **ABC**

【解析】 直接由表格的實驗結果推斷

(A) 對

(B) 對

(C) 對

(D) 錯：油墨比水輕

(E) 錯：十二烷基磺酸鈉屬於合成清潔劑，不受鈣離子影響

50. **BC**

【解析】 小分子的醇類和酮類，可溶於水

但烷類、酯類、甲苯都不能溶於水

所以選 (B) (C)。

51. **AD**

【解析】 (A) 對：兩者同分子量，元素組成比例也相同

(B) 錯：同素異形體只有單一元素，例如石墨 VS 鑽石

(C) 錯：分子量不相同，不可能為異構物

(D) 對：元素重量比例相同，實驗式也會相同

(E) 錯：分子量不同，分子式必然不同

52. **A**

【解析】 pH 值 < 7，酸性

各選項溶於水的產物如下

(A) 硝酸：酸性

(B) 氫氧化鈣：鹼性

(C) 碳酸氫鈉溶水：鹼性

(D) 氯化鈣：中性偏鹼

(E) 碳酸鈉：弱鹼性

所以選 (A)。

53. **ABC**

【解析】 (A) 對：鑽石不導電

(B) 對：

熔點：鑽石約攝氏 3800 度，石墨約攝氏 3600 度

(C) 對：

(D) 錯：

鑽石每個碳原子接 4 個碳原子（立體網狀結構），

石墨每個碳原子接 3 個碳原子（平面層狀六角形）

(E) 錯：鑽石 → 四面體；石墨 → 六角形

54. **D**

【解析】 是否有氧化還原反應呢？

(A) 有：氧化鐵 → 鐵

(B) 有：產生氯化鋁 + 氫氣（鋁 → 鋁離子）

(C) 有：蘋果切開產生「酵素褐變」，蘋果內的多酚類

被酵素氧化，再經過一連串反應，就會產生褐色

(D) 無：產生氯化銀 + 硝酸鈉（無價數變化）

(E) 有：銅 → 氧化銅

55-57 為題組

55. **D**

【解析】 相鄰兩節氣對應地球到太陽連線夾角均為 15°

$$\omega = \frac{15}{\Delta t}$$

冬季時距最短，故 $\omega_{\text{冬}}$ 最大

56. **E**

【解析】 由克卜勒行星第二運動定律（等面積定律）可知地球與太陽連線每秒掃過的面積皆相等

57. **C**

【解析】 (A)(C)(D)(E) 克卜勒行星第二運動定律（等面積定律）：

$$\frac{\Delta A}{\Delta t} = \frac{1}{2} r^2 \omega = 定值$$

故 $\omega_{冬}$ 最大，則冬季地球與太陽距離最近

(B) 由 $\omega_{冬}$ 最大可知冬季運行速率最快

58. **E**

【解析】 由 $F = \dfrac{mv^2}{r}$ 可知

當 m、r 固定時，F 與 v^2 成正比

故當速率變為原來 2 倍時，所需向心力變為 $2^2 = 4$ 倍

59. **AC**

【解析】 (A)(B) 由動量守恆可知甲乙兩球動量變化量值相同

(C) 由 $\Delta p = m \times \Delta v$ 可知，當動量變化量相同時，
m 與 v 成反比
當甲球質量為乙球的 2 倍
則乙球的速度變化量為甲球的 2 倍

(D) 未知甲、乙兩球的質量與速度，故無法判斷動能變化量

(E) 因作用力等於反作用力，故乙球所受撞擊力為甲球的 1 倍

60-61 為題組

60. **CE**

【解析】 (A) 由 a-t 圖可知 0 到 20 秒為 $a = 0.5\ m/s^2$ 的等加速度運動

(B) 由 a-t 圖可知 20 到 60 秒為 $a = 0\ m/s^2$ 的等速度運動

(C) 60 到 85 秒為 $a = 0.4\ m/s^2$ 的減速度運動，故速度仍大於 0

(D) a-t 圖面積為速度變化量，則
0 到 20 秒的 $\Delta V_1 = 0.5 \times 20 = 10$
60 到 85 秒的 $\Delta V_2 = 0.4 \times 25 = -10$
$\Delta V_1 + V_2 = 0$，故 85 秒時汽車恰好停止

61. **A**

【解析】 V-t 圖所圍面積為汽車位移
$$\Delta X = \frac{(40 + 85) \times 10}{2} = 625(m)$$

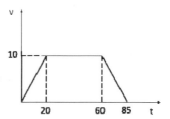

62. **CD**

【解析】 大氣層與水層的循環是影響天氣的最主要因素。

63-64 為題組

63. **BCD**

【解析】 曾文水庫在南部，降水時間分布與北部的石門水庫不會相同。

64. **ACD**

【解析】 (B) 降水量減掉用水量將決定水庫水位高低。
(E) 由於梅雨降水的挹注。

65. **ACD**

【解析】 大理岩爲變質岩，在侵蝕之後因爲地形的抬升而讓峽谷能夠越侵蝕越深，形成現在壯麗的景觀。

66. **D**

【解析】 反射震測法利用人工震源產生震波，經地下地層界面反射，返回地表，被受波器紀錄下來，分析震波紀錄，可以測繪地下構造，一直是石油探勘藉以探測地下數千公尺深部油礦的主要方法，而且成效卓著。

地電阻測勘法成本低廉且工期短，因此適用於工程地質、探礦、地下水調查、海水入侵調查與地熱及溫泉測勘等多方面。

鐵礦具有磁性，適合使用磁力測勘法。

67. **BD**

【解析】 (B) 天文望遠鏡的極限解析度取決於望遠鏡的口徑和觀測所用的波長。口徑越大，波長越短，解析度越高。無線電波因爲波長較長，因此要用大口徑來偵測以增加解析度。

(D) 無線電波望遠鏡爲了提高解析度，也可以設計成干涉陣列形式，讓不同天線接收的訊號兩兩相互干涉，再計算電波來源的分佈情形。

68. **AC**

【解析】 當斷層壓力累積時，造成的力量只會讓上盤往上衝，其受力比下盤大了許多，因此上盤受災情況往往較下盤嚴重。

106 年大學入學學科能力測驗試題
國文考科

第壹部分：選擇題（占 54 分）

一、單選題（占 30 分）

說明：第 1 題至第 15 題，每題有 4 個選項，其中只有一個是正確或最適當的選項，請畫記在答案卡之「選擇題答案區」。各題答對者，得 2 分；答錯、未作答或畫記多於一個選項者，該題以零分計算。

1. 下列「」內的字，讀音正確的選項是：
   (A) 「戛」然而止：ㄍㄚ
   (B) 犬吠狼「嗥」：ㄒㄧㄠ
   (C) 「岬」灣海岸：ㄒㄧㄚˊ
   (D) 平野廣「袤」：ㄇㄠˋ

2. 下列是某生抄錄的 2016 年藝文紀事，用字完全正確的選項是：
   (A) 《暗戀桃花源》在睽違十年後，第五度在臺巡迴演出，堪稱戲劇界盛事
   (B) 透過深度的社群經營，電視劇《一把青》善用行銷，逆勢諦造收視佳績
   (C) 為紀念莎士比亞逝世四百週年，倫敦環球劇場提供嶄新風貌的視覺餉宴
   (D) 美國歌手巴布狄倫獲諾貝爾文學獎，反映當代「文學」定義已漸驅改變

3. 閱讀下列新詩，選出依序最適合填入□□內的選項：

甲、大麗花／開在後院裡／月亮□□籬笆時／順手帶走一絲春天殘
餘的香氣（洛夫〈花落無聲〉）

乙、鳥聲在漢城各座宮殿庭院內□□／如密密雨點落在鬼面瓦上／
一處處都是回響……（蓉子〈古典留我〉）

丙、一口老甕／裝著全家人的／心，放在屋漏的地方／接水／□□
一家人的／辛酸……（林煥彰〈雨天〉）

(A) 翻過／滴落／彈唱　　　　(B) 翻過／流淌／記錄

(C) 駐足／流淌／彈唱　　　　(D) 駐足／滴落／記錄

4. 下列是一段現代散文，請依文意選出排列順序最恰當的選項：

我這個暗光鳥，如此近距離的觀看暗光鳥：黑冠麻鷺、蜥蜴、大蜘
蛛。

甲、<u>而我在初春裡，南方佳木之城</u>

乙、<u>彷彿也有了坐擁山林的丘壑之心了</u>

丙、<u>植物園裡的牠，習得不動聲色的禪學功夫</u>

丁、<u>我想當我離開嘉義時，只消在心頭種上一株植物</u>

戊、<u>大蜘蛛編織著巨網，懸在兩棵大樹之間，優雅的殺手</u>

就會遙想起整個南方，整個城市的亞熱帶風情。（鍾文音〈甜蜜亞
熱帶〉）

(A) 甲乙丙戊丁　　　　　(B) 乙戊丙丁甲

(C) 丙戊丁乙甲　　　　　(D) 戊丙甲乙丁

5. 某校為弘揚儒家、墨家思想，特將新建的兩棟大樓命名為「歸仁
堂」、「兼愛樓」，若欲彰顯命名宗旨，則川堂懸掛的字幅依序應是：

(A) 士不可以不弘毅，任重而道遠／仁者，人也，親親為大

(B) 愛人利人以得福，惡人賊人以得禍／人不獨親其親，不獨子其子

(C) 非禮勿視，非禮勿聽，非禮勿言，非禮勿動／視人之國若視其國，視人之家若視其家，視人之身若視其身

(D) 己欲立而立人，己欲達而達人／人之於身也，兼所愛；兼所愛，則兼所養也。無尺寸之膚不愛焉，則無尺寸之膚不養也

6. 下列元曲運用一連串比喻，所要嘲諷的對象是：

奪泥燕口，削鐵鍼頭，刮金佛面細搜求。無中覓有。鵪鶉膆裡尋豌豆，鷺鷥腿上劈精肉，蚊子腹內刳脂油。虧老先生下手。(佚名〈醉太平〉)

(A) 汲汲名利，奔走鑽營者

(B) 百般挑剔，吹毛求疵者

(C) 貪圖小利，極力刻剝者

(D) 興風作浪，無中生有者

7. 依以下蘇先生的看法，滁州瑯琊山可能是「瑯琊閣」的發想來源，其所持的理由是：

滁州瑯琊山之得名，或謂司馬伷曾暫駐於此，或謂司馬睿曾避亂於此。司馬伷是司馬懿之子，封瑯琊王，率兵平吳時接受吳主孫皓的投降。司馬睿是司馬伷之孫，十五歲襲瑯琊王爵位，西元318年在江東重建晉朝。二人皆與六朝都城金陵關係密切。電視劇《瑯琊榜》中，則有個與此山同名的組織「瑯琊閣」，攪動了大梁帝都金陵的風雲。因此，若要說劇中「瑯琊閣」的發想可能來自瑯琊山，是有跡可尋的。

蘇先生

(A) 曾有兩位瑯琊王對金陵政局產生影響

(B) 滁州瑯琊山上有晉代所興建之瑯琊閣

(C) 瑯琊山是西晉伐吳與東晉重建的據點

(D) 「瑯琊閣」藉瑯琊王之名在金陵為亂

8-9 為題組

閱讀下文，回答 8-9 題。

孤獨

太極圖→

交會

德國作家赫塞曾把孤獨比喻為
「荒野之狼」，文學家用來形容孤獨的意象無疑都非常有力，只可惜
太個人化了，我想尋找更具普遍性的意象。

孤獨的面貌並非只有悲傷，它也可以是欣然而美好的；事實上，
孤獨乃是人必然的存在狀態，也是一種回歸和自由，且常存於深刻的
互動中。我在中國哲學裡找到一個簡潔有力的「太極圖」，很適合說明
孤獨的特質。太極圖由陰陽（黑白）兩個對稱而對立的半部所組成。
如果把陰比為孤獨，把陽比為交會的話，非常能說明孤獨和交會的關
係。首先，陰陽兩個半部裡各自包含著對方顏色的若干細線，這反映
出：沒有所謂純粹的孤獨，也沒有所謂純粹的交會。其次，兩個半部
間有一灰色的中間地帶，這和兩者互為對方底景的特質相似。最特別
處是在陰的中央位置有個白點，在陽的中央位置有個黑點，這似乎意
味著：在人我交會的極致中，人有可能會突然體驗到最深沉的孤獨，
而在孤獨的極致中，人也可能會突然體驗到自我和天地、人際之間最
深沉的交會。

用太極圖來象徵孤獨還有一個優點：它可反映出孤獨和群體生活
二者對人同等重要，是體驗世界時不可偏廢的兩條路徑。（改寫自菲
力浦·科克《孤獨》）

8. 下列敘述，符合上文文意的選項是：

(A) 文學家每為孤獨所困，但描繪的內容都是個人化的經驗，難以
引起讀者共鳴

(B) 孤獨和交會的關係就好比陰、陽，二者互滲於對方之中，不可
能真正的獨存

(C) 要完整體驗世界必須同時過著孤獨和群體生活，讓自己處於灰色的中間地帶

(D) 太極圖中的白點象徵在孤獨中能安慰我們的朋友，黑點象徵人心深處的黑暗面

9. 下列文字，最能表現上文畫底線處情況的選項是：

(A) 臘月既望，館人奔告：「玉山見矣！」時旁午，風靜無塵，四宇清澈

(B) 壬戌之秋，七月既望，蘇子與客泛舟遊於赤壁之下。清風徐來，水波不興

(C) 明日拉顧君偕往，坐莽葛中，命二番兒操楫。緣溪入，溪盡為內北社，呼社人為導

(D) 人知從太守遊而樂，而不知太守之樂其樂也。醉能同其樂，醒能述以文者，太守也

10-11 為題組

閱讀下文，回答 10-11 題。

　　少壯時不喜住在固定的地方。當遊覽名山勝水，發現一段絕佳風景時，我定要叫著說：「喔，我們若能在這裡造屋子住多好！」。忘記哪位古人有這麼一句好詩，也許是吾家髯公吧？「湖山好處便為家」。行腳僧煙簑雨笠，到處棲遲，我常說他們的生活富有詩意。程垓《書舟詞》中，有我欣賞不已的一首〈滿江紅〉：「葺屋為舟，身便是煙波釣客；況人間原是浮家泛宅。秋晚雨聲篷背穩，夜深月影窗櫺白，滿船詩酒滿船書，隨意索。也不怕雲濤隔，也不怕風帆側，但獨醒還睡，自歌還歌。臥後從教鰍鱔舞，醉來一任乾坤窄。恐有時撐向大江頭，占風色。」詞中的舟並非真舟，不過想像他所居的屋為舟，以遣煙波之興而已。我有時也想假如有造屋的錢，不如拿來造一隻船，三江五

湖,隨意遨遊,豈不稱了我「湖山好處便為家」的心願。不過船太小了,那幾本書先就愁沒處安頓;太大了,惹人注目,先就沒膽量開到太湖,不能擘破三萬六千頃青琉璃,周覽七十二峰之勝,就失卻船的意義了。(改寫自蘇雪林〈家〉)

10. 下列文句的說明,正確的選項是:

(A) 「行腳僧煙簑雨笠,到處棲遲」描述行腳僧失意飄泊而浪跡天涯

(B) 「滿船詩酒滿船書,隨意索」說明作者好客,詩、酒及書任人索取

(C) 「獨醒還睡,自歌還歇」描寫眾人皆醉我獨醒與漁歌唱和的情景

(D) 「擘破三萬六千頃青琉璃」意謂行船於澄碧的太湖之中

11. 作者引述髯公詩與程垓詞的用意是:

(A) 表達依江山勝景而居的嚮往

(B) 流露出無處不可為家的豁達

(C) 慨嘆屋狹而不能滿室詩酒書

(D) 惋惜不能以船為家任意遨遊

12-13 為題組

閱讀下文,回答 12-13 題。

　　達爾文在《人和動物的情緒表達》中指出:人類和較低等動物主要的情緒表達並非經由學習,而是來自天生或遺傳,越是相近的物種,情緒表達就越相似。例如許多動物在面對危險時會毛髮豎立,以使自己看來更威武、兇猛;人類的雞皮疙瘩其實正是汗毛豎立的輕微現象,也是哺乳類親戚表情的遺跡。

　　稍後的學者繼續探討此議題。多人主張情緒可分基本情緒和非基本情緒：前者如恐懼、快樂、驚訝、憤怒等，為生物的基礎反應；後者是由基本情緒混合而成的高階情緒，如恐懼和驚訝會混合為警覺，而恐懼和快樂則易混合為罪惡感。高階情緒通常被認為是認知的運作，比基本情緒更能顯示出物種和個體間的差異。

　　臉部表情、肢體動作和言行舉止都是情緒的表達方式，且有其展示規則。學者艾克曼表示：情緒的表達方式會受到學習和文化的影響而變弱、增強或以其他方式加以遮掩。「展示規則」界定了人可以在何時何地對何對象展示何種情緒，以及可以展示的方式和程度，這是社會化的一部分。（改寫自約瑟夫・李竇《腦中有情》）

12. 下列敘述，符合上文文意的選項是：
(A) 達爾文認為人和較低等動物的情緒表達完全相同，但稍後的學者修正該主張
(B) 達爾文認為人類雞皮疙瘩的反應，乃哺乳類動物面對危險時情緒表現的遺留
(C) 人和動物擁有同樣的基本情緒，但動物的認知能力較弱，無法擁有高階情緒
(D) 高階情緒來自認知與學習，高階情緒越多的人，說明其表達力和道德感越高

13. 下列畫線人物的情緒表達方式基於「展示規則」而進行調整，以致其言行舉止呈現了前後差異的選項是：
(A) 到了年關，掌櫃取下粉板說：「孔乙己還欠十九個錢呢！」到第二年端午，又說：「孔乙己還欠十九個錢呢！」
(B) 轎夫擡進後堂，月香見了鍾離義，還只道萬福。張婆在旁道：「這就是老爺了，須下箇大禮。」月香只得磕頭

(C) <u>范進</u>因這一個嘴巴，卻也打暈了，昏倒於地。眾鄰居一齊上前，替他抹胸口，捶背心，舞了半日，漸漸喘息過來，眼睛明亮，不瘋了

(D) <u>王戎</u>七歲嘗與諸小兒遊，看道邊李樹多子折枝，諸兒競走取之，唯<u>戎</u>不動。人問之，答曰：「樹在道邊而多子，此必苦李。」取之信然

14-15 為題組

閱讀下文，回答 14-15 題。

　　子思見老萊子，老萊子聞穆公將相子思，老萊子曰：「若子事君，將何以為乎？」子思曰：「順吾性情，以道輔之，無死亡焉。」老萊子曰：「不可順子之性也，子性剛而傲不肖，又且無所死亡，非人臣也。」子思曰：「不肖，故人之所傲也。夫事君，道行言聽，則何所死亡？道不行，言不聽，則亦不能事君，所謂無死亡也。」老萊子曰：「子不見夫齒乎？雖堅剛，卒盡相摩；舌柔順，終以不弊。」子思曰：「吾不能為舌，故不能事君。」（《孔叢子・抗志》）

14. 關於子思「不能事君」的原因，下列敘述**錯誤**的選項是：

(A) 不能順己性情　　　　　(B) 不願愚忠枉死

(C) 無法為民喉舌　　　　　(D) 難以道行言聽

15. 依據上文，最符合老萊子之意的選項是：

(A) 君使臣以禮，臣事君以忠

(B) 堅強者死之徒，柔弱者生之徒

(C) 名不正則言不順，言不順則事不成

(D) 行一不義，殺一不辜，而得天下，皆不為也

二、多選題（占 24 分）

說明：第 16 題至第 23 題，每題有 5 個選項，其中至少有一個是正確
　　　的選項，請將正確選項畫記在答案卡之「選擇題答案區」。各
　　　題之選項獨立判定，所有選項均答對者，得 3 分；答錯 1 個選
　　　項者，得 1.8 分；答錯 2 個選項者，得 0.6 分；答錯多於 2 個選
　　　項或所有選項均未作答者，該題以零分計算。

16. 下列各組文句「」內的字，前後意義相同的選項是：
　　(A) 北通巫峽，南「極」瀟湘／意有所「極」，夢亦同趣
　　(B) 「比」及三年，可使足民／孟嘗君曰：為之駕，「比」門下之車
　　　　客
　　(C) 史公治兵，往來桐城，必「躬」造左公第／臣本布衣，「躬」耕
　　　　於南陽
　　(D) 文非一體，鮮能「備」善／朱、林以下，輒啟兵戎，喋血山河，
　　　　藉言恢復，而舊志亦不「備」載也
　　(E) 我居北海君南海，寄雁傳書「謝」不能／王果去牆數步，奔而
　　　　入，及牆，虛若無物，回視，果在牆外矣。大喜，入「謝」

17. 「一分耕耘，一分收穫」之語意關係可以是「如有一分耕耘，則得
　　一分收穫」，下列文字前後句具有相同語意關係的選項是：
　　(A) 怨不在大，可畏惟人
　　(B) 聞道有先後，術業有專攻
　　(C) 若亡鄭而有益於君，敢以煩執事
　　(D) 斧斤以時入山林，材木不可勝用也
　　(E) 人之不廉而至於悖禮犯義，其原皆生於無恥也

18. 閱讀下文，選出敘述正確的選項：

> 名片的種類式樣之多，就如同印名片的人一樣。有足以令人發笑的，有足以令人駭怕的，也有足以令人哭不得笑不得的。若有人把各式的名片聚集起來，恐怕比香菸裡的畫片還更有趣。

> 官僚的名片，時行的是單印名姓，不加官銜。其實官做大了，人就自然出名，官銜的名片簡直用不著。惟獨有一般不大不小的人物，印起名片來，深恐自己的姓名太輕太賤，壓不住那薄薄的一張紙，於是把古往今來的官銜一齊的印在名片上，望上去黑糊糊的一片，就好像一個人的背上馱起一塊大石碑。

> 身通洋務，或將要身通洋務的先生，名片上的幾個英文字是少不得的，「湯姆」、「查利」都成，甚而再冠上一個聲音相近的外國姓。因為名片也者，乃是一個人的全部人格的表現。(梁實秋〈名片〉)

> 畫片：早期菸商為宣傳產品並防止香菸折損，在菸盒中放置的小圖片。

(A) 單印名姓而不加官銜的名片，表示名片主人並不看重外在的虛名

(B) 有些人無法自我肯定，只能用層層疊疊的官銜來證明自己的存在

(C) 作者將名片上的官銜喻為大石碑，暗指為官者應知任重道遠之意

(D) 作者對於通洋務者必在名片加上英文姓名，語帶嘲諷，不以為然

(E) 名片比畫片有趣之因，在於可從中看出各種不同的人格表現方式

19. 傳統文人常針對畫作題詠。下列詩句，意在強調畫作逼真的選項是：

(A) 嬋娟不失筠粉態，蕭颯盡得風煙情。舉頭忽看不似畫，低耳靜聽疑有聲

(B) 興來寫菊似塗鴉，誤作枯藤纏數花。筆落一時收不住，石棱留得一拳斜

(C) 北苑時翻硯池墨，疊起烟雲隱霹靂。短縑尺楮信手揮，若有蛟龍在昏黑

(D) 名工繹思揮彩筆，驅山走海置眼前。滿堂空翠如可掃，赤城霞氣蒼梧烟

(E) 峰頭黛色晴猶濕，筆底春雲暗不開。墨花淋漓翠微斷，隱几忽聞山雨來

20. 閱讀下列二文，選出敘述正確的選項：

甲、詩是心聲，不可違心而出，亦不能違心而出。功名之士，決不能為泉石淡泊之音；輕浮之子，必不能為敦龐大雅之響。故陶潛多素心之語，李白有遺世之句，杜甫與「廣廈萬間」之願，蘇軾師「四海弟昆」之言。凡如此類，皆應聲而出。(葉燮《原詩》)

乙、詩文之所以代變，有不得不變者。一代之文沿襲已久，不容人人皆道此語。今且千數百年矣，而猶取古人之陳言一一而摹仿之，以是為詩，可乎？故不似則失其所以為詩，似則失其所以為我。李、杜之詩所以獨高於唐人者，以其未嘗不似，而未嘗似也。知此者，可與言詩也已矣。(顧亭林《日知錄》)

(A) 甲文主張詩歌是作者主體情感的自然流露，不可虛矯造作

(B) 乙文主張創作既要接續傳統，又要開創出自我獨特的面貌

(C) 甲文著重文學與時代的關聯，乙文留意作品與情志的聯結

(D) 二文論及李白與杜甫詩作，皆著眼於二人雄渾高遠的詩境

(E) 二文皆主張詩文本於心性，故當先涵養心性後再專研詩藝

21. 閱讀下列小說，依文意選出解讀恰當的選項：

　　鬧新房的人圍著打趣，七巧只看了一看便出來了。長安在門口趕上了她，悄悄笑道：「皮色倒還白淨，就是嘴唇太厚了些。」七巧把手撐著門，拔下一只金挖耳來搔搔頭，冷笑道：「還說呢！你新嫂子這兩片嘴唇，切切倒有一大碟子。」旁邊一個太太便道：「說是嘴

唇厚的人天性厚哇！」七巧哼了一聲，將金挖耳指住了那太太，倒剔起一隻眉毛，歪著嘴微微一笑道：「天性厚，並不是什麼好話。當著姑娘們，我也不便多說——但願咱們白哥兒這條命別送在她手裡！」七巧天生著一副高爽的喉嚨，現在因為蒼老了些，不那麼尖了，可是扁扁的依舊四面刮得人疼痛，像剃刀片。這兩句話，說響不響，說輕也不輕。人叢裡的新娘子的平板的臉與胸震了一震——多半是龍鳳燭的火光的跳動。(張愛玲〈金鎖記〉)

(A) 七巧進了洞房，「只看了一看便出來」，顯示七巧對白哥兒的新娘不甚喜歡

(B) 一旁的太太搭腔：「嘴唇厚的人天性厚」，是接續七巧的話對新娘落井下石

(C) 七巧說：「天性厚，並不是什麼好話」，是要一旁的太太勿用反話譏諷新娘

(D) 「像剃刀片」既形容七巧的嗓音扁利刺耳，也形容七巧的言語風格尖酸刻薄

(E) 「火光的跳動」表面上描繪燭火光影，實暗指新娘因話中的刀光劍影而心驚

22. 閱讀下文，選出填入後敘述正確的選項：

　　學測以日常用語為考試素材，除了想讓考生懂得在社交場合善用既有的文雅詞彙，例如 __(A)__ ；也希望考生能自行應用學理來分析新的語言現象，例如之前考外來語「純音譯」和「音義兼譯」，__(B)__ ，乃是外來語進入中文的常見形態。有些新詞頗富修辭趣味，例如「秒殺」形容掃奪之快，「神回應」形容答覆之妙，__(C)__ 。又「天兵」代指少根筋、常壞事之人，「天菜」代指無法抗拒的傾慕對象，但 __(D)__ 。字義轉變最受矚目者莫如「囧」字。此字在古代是

「明亮」之意，但因狀似張著口、皺著八字眉的臉，遂出現「爸媽囧很大」、「人在囧途」這類新用法，義或略通於「窘」，　(E)　。

(A) 尊稱他人的母親爲「令堂」，謙稱自己的提問爲「垂詢」

(B) 時下捕捉精靈寶貝追求升級的手機遊戲「寶可夢」(Pokémon)即屬前者，以「粉絲」(fans)指稱對某人事物的熱愛者則屬後者

(C) 「秒」和「神」均帶有誇飾的效果

(D) 前者的「天」是「天生的」，後者的「天」是「天眞的」，意思大不相同

(E) 這使原來只是基於字體形貌所產生的借用，恰好可用同音諧義來聯想

23. 言談中有時會透過「吃虧讓步」的態度或方式表達善意，以求達成良好的互動。下列畫底線處的對話，運用此一言談技巧的選項是：

(A) 太公道：「師父請吃些晚飯，不知肯吃葷腥也不？」魯智深道：「洒家不忌葷酒，遮莫甚麼渾清白酒都不揀選，牛肉、狗肉，但有便吃。」

(B) 帝顫慄不已。只見階下披甲持戈數百餘人，皆是魏兵。帝泣謂群臣曰：「朕願將天下禪於魏王，幸留殘喘，以終天年。」賈詡曰：「魏王必不負陛下。」

(C) 誠實的參，亦就掛上稱仔稱一稱說：「大人，眞客氣啦！才一斤十四兩。」「不錯罷？」巡警說。「不錯，本來兩斤足，因是大人要的……」參說。這句話是平常買賣的口吻，不是贈送的表示

(D) 「這個舞我不會跳了。」那個年輕的男人說道。他停了下來，尷尬的望著金大班，樂隊剛換了一支曲子。金大班凝望了他片刻，終於溫柔的笑了起來，說道：「不要緊，這是三步，最容易，你跟著我，我來替你數拍子。」

(E) 母親才過三十歲，卻要打扮成老太太，姨娘看了只是抿嘴兒笑，父親就直皺眉頭。我悄悄地問她：「媽，你為什麼不也梳個橫愛司髻，戴上姨娘送你的翡翠耳環呢？」母親沉著臉說：「<u>你媽是鄉下人，那兒配梳那種摩登的頭，戴那講究的耳環呢？</u>」

第貳部分：非選擇題（共三大題，占54分）

說明：本部分共有三題，請依各題指示作答，答案必須寫在「答案卷」上，並標明題號一、二、三。作答務必使用筆尖較粗之黑色墨水的筆書寫，且不得使用鉛筆。

一、文章解讀（占9分）

　　閱讀下文後，請依據作者的引述與闡釋，說明當人發揮自己的天賦時，如何能產生「自由與踏實的感受」。文長約100-150字（約5-7行）。

> 　　年輕人要清楚自己的志向，不讓他人的噪音壓過自己的心聲。當你找到自己的天賦時，會有一種如英國教育改革家肯·羅賓森所說的「歸屬於天命」的狀態：「歸屬於天命，有跡可循，最明顯的就是自由與踏實的感受。當你從事自己熱愛又擅長的工作，才可能覺得活出了真實的自我。你覺得自己做著天生該做的事，也成為你天生該成為的人。」
>
> 　　但我們常常提到「讓天賦自由」，我很擔心這會造成一種誤解，以為找到「天賦」就自由了，可以放羊吃草、閒散度日。天賦，不是偷懶的藉口，沒有一個天才可以光靠天賦扶搖直上。正好相反，天賦是由一種不得不然的熱情所驅動，你熱愛一件事，熱愛到足以打死不退，全身有一股強烈飢渴往前追尋的力量。因此，任何天賦都需要回到「紀律」的堅持上。（改寫自嚴長壽《教育應該不一樣》）

二、文章分析（占 18 分）

　　閱讀下引〈虬髯客傳〉「紅拂女夜奔李靖」一段文字，回答問題。
答案請標明（一）、（二）書寫，文長約 250-300 字（約 12-14 行）。
（一）分析李靖在整段事件過程中的情緒變化。
（二）闡述紅拂女如何運用說話技巧，使李靖接受她的投靠。

　　靖歸逆旅。其夜五更初，忽聞扣門而聲低者，靖起問焉。乃紫衣戴帽人，杖揭一囊。靖問：「誰？」曰：「妾，楊家之紅拂妓也。」靖遽延入。脫衣去帽，乃十八九佳麗人也。素面華衣而拜。靖驚答拜。曰：「妾侍楊司空久，閱天下之人多矣，未有如公者。絲蘿非獨生，願託喬木，故來奔耳。」靖曰：「楊司空權重京師，如何？」曰：「彼屍居餘氣，不足畏也。諸妓知其無成，去者眾矣。彼亦不甚逐也。計之詳矣，幸無疑焉。」問其姓，曰：「張。」問伯仲之次，曰：「最長。」觀其肌膚、儀狀、言詞、氣性，真天人也。靖不自意獲之，愈喜愈懼，瞬息萬慮不安，而窺戶者足無停屨。

三、引導寫作（占 27 分）

　　「有經驗」或「沒經驗」其實各有利弊；是利是弊，是阻力是助力，端看事件的性質、事態的發展或當事人如何看待……而定；至於「好經驗」或「壞經驗」，或許也存在著不同的意義與影響。

　　請以「關於經驗的N種思考」為題，結合事例與看法，寫一篇完整的文章，文長不限。。

106年度學科能力測驗國文科試題詳解

第壹部分:選擇題

一、單選題

1. **D**

【解析】 (A) ㄐㄧㄚˊ

(B) ㄏㄠˊ

(C) ㄐㄧㄚˇ

2. **A**

【解析】 (B) 諦造 → 締造

(C) 飼宴 → 饗宴

(D) 漸驅改變 → 漸趨改變

3. **A**

【解析】 (甲)由「帶走」可知應為「翻過」籬笆,而非駐足。

(乙)由「如密密雨點落在鬼面瓦上」可知應為「滴落」。

(丙)「接水」則有水之滴答聲,故選彈唱。

4. **D**

【解析】 選項的「大蜘蛛」與首句相連,故先選(戊),接著描寫大蜘蛛等待獵物的的狀態,故選(丙)。接著寫自己的狀態及感受,故選(甲)(乙)。末句寫自己的心態,並由「遙想」可知是離開之後,故前接(丁)。

5. **C**

【解析】 此題為判斷字幅文句所代表的思想流派。

(A) 出自《論語・泰伯》。「任重」是因為「仁以為己任」，為儒家思想／出自《中庸》，由「仁者，人也」，與「親親為大」可知為儒家思想（墨家講「兼愛」，非「先親愛親人」）。

(B) 出自《墨子・法儀》，要人「兼相愛，交相利」／出自《禮記・禮運》，由「親親」而「愛民」，延伸到其他人。

(C) 出自《論語・顏淵》，是孔子闡述為仁的具體方式／出自《墨子・兼愛》，是墨子闡述「兼相愛交相利之法」。

(D) 出自《論語・雍也》，為仁者的作為／出自《孟子・告子上》，此處「兼所愛」指的是「人對於自己的身體是全部愛惜的，既然全部愛惜，就會全部加以保養」，並非墨子之「兼相愛」。

6. **C**

【解析】「奪下燕嘴銜著用以築巢的一點泥土，削針尖一點大的鐵，刮除塗敷在佛像臉上的金箔。在鵪鶉的食囊裡找豌豆，從鷺鷥纖細的腿上劈下精肉，從蚊子肚腹內刮下油脂。」這些都是以誇飾手法諷刺那些貪得無厭，極力剝取小利者。

7. **A**

【解析】 文中先列述：瑯琊山之得名與司馬伷、司馬睿有關，二人皆為瑯琊王，二人皆與金陵關係密切──前者接

受孫吳之降，後者在金陵建立新政權；再歸結出《瑯琊榜》劇中「瑯琊閣的發想可能來自瑯琊山」。

故選 (A)。

8-9 為題組

8. **B**

【解析】 (A) 未提及「文學家每為孤獨所困」。

(B) 由「首先，……，沒有所謂純粹的孤獨，也沒有所謂純粹的交會。」可知。

(C) 「是體驗世界時，不可偏廢的兩條途徑。」未提及「讓自己處於灰色的中間地帶」。

(D) 白點與黑點意味著：「在人我交會的極致中，人有可能會體驗到最深沉的孤獨，而在孤獨的極致中，人也可能會突然體驗到自我和天地、人際之間最深沉的交會。」

9. **D**

【解析】 太守與民同樂，是人我交會；但人不知太守心中所樂之事並非宴遊之樂，而是以民之樂為樂，這是太守的孤獨。

10-11 為題組

10. **D**

【解析】 (A) 非失意飄泊，行腳僧本就雲遊四方以求法。

(B) 非任人索取，詞中看不出「有客」，應是自己拿取。

(C) 寫自己獨居自得其樂的景象。

(D) 由前句為「就沒膽量開到太湖」便知此句為到太
湖後所覽之景。

11. **A**

【解析】由「當遊覽名山勝水，發現一段絕佳風景時，我定要
叫著說：『喔，我們若能在這裡造屋子住多好！』」與
「豈不稱了我『湖山好處便為家』的心願」可知。

<u>12-13 為題組</u>

12. **B**

【解析】(A) 僅說「越是相近的物種，情緒表達就越相似」。

(B) 由「例如許多動物在面對危險時……，也是哺乳
類親戚表情的遺跡。」可知。

(C) 二、三段討論高階情緒時，並未提及動物的情況。

(D) 並未提及高階情緒與表達力和道德感的關係。

13. **B**

【解析】由「『展示規則』界定了人可以在何時何地對何對象
展示何種情緒，以及可以展示的方式和程度」。(B) 中
的月香初見鍾離義「只道萬福」(見面時的基本禮)」，
但當張婆提醒她「這就是老爺了，須下箇大禮」(對
象地位較高)，月香便改為「磕頭」，展示「尊敬」
(禮儀)的方式改變。

<u>13-14 為題組</u>

14. **C**

【語譯】 子思去見老萊子，老萊子聽聞魯穆公將以子思爲相，便問他：「如果你侍奉君王，會怎麼做？」子思回答：「順著我的性情，以正道輔佐，不要爲君而死。」老萊子說：「不能順著你的性子來啊！你的個性剛烈，又瞧不起不賢能的人，而且不能爲君王而死，不是做人臣子的道理。」子思回答：「不賢能，才會被人瞧不起。侍奉君王，如果能讓君王聽從意見，依正道而行，又怎麼會有殺身之禍？若君王不能聽從我的意見，依正道而行，那我也無法服事這樣的君王，便不會爲君王而死。」老萊子說：「你沒看到牙齒嗎？雖然堅硬，最後卻互相磨損；而舌頭柔順，老了也不會敗壞。」子思說：「我不能像舌頭那樣，所以不能事奉君王。」

【解析】 由「順吾性情，以道輔之，無死亡焉」可知 (C) 有誤。

15. **B**

【解析】 由老萊子以「齒、舌」爲比喻可知選 (B)。

二、多選題

16. **ACD**

【解析】 (A) 到達。范仲淹＜岳陽樓記＞／柳宗元＜始得西山宴遊記＞。

(B) 及，等到／依照。《論語・先進》／＜馮諼客孟嘗君＞。

(C) 親身、親自。方苞＜左忠毅公逸事＞／諸葛亮＜出師表＞。

(D) 盡、皆、全。曹丕《典論‧論文》／連橫《台灣通史‧序》。

(E) 推辭／表示感激。黃庭堅＜寄黃幾復＞／蒲松齡＜勞山道士＞。

17. CD

【解析】(A) 可怕的不在於民怨大小，而是民心向背 → 轉折複句（魏徵＜諫太宗十思疏＞）。

(B) 領會道理的時間有先有後，學問、技藝各有專門的研究 → 並列複句（韓愈＜師說＞）。

(C) 如果消滅鄭國對秦國有利，就請您來攻打吧 → 假設複句（＜燭之武退秦師＞）。

(D) 如果在適當的季節到山林裡砍伐，那麼木材就用不完了 → 假設複句（《孟子‧梁惠王上》）。

(E) 一個人不知廉潔而至於違反禮義，其根源都是出於無恥 → 因果複句（顧炎武＜廉恥＞）。

18. BDE

【解析】(A) 官做大了，人自然出名，故不須加官銜。

(B) 由「惟獨有一般不大不小的人物，印起名片來，恐深自己的姓名太輕太賤，壓不住那薄薄的一張紙，於是……」可知。

(C) 此為諷刺「一般不大不小的人物」在名片上加上許多官銜。

(D) 由「名片上的幾個英文字是少不得的，『湯姆』、『查利』都成，甚而……」可知。

(E) 由首段及結尾「因爲名片也者，乃是一個人的全部人格的表現。」可知。

19. **ACDE**

【解析】(A) 由「舉頭忽看不似畫，低耳靜聽疑有聲。」可知栩栩如生，幾可亂眞。（白居易＜畫竹歌＞）

(B) 由「似塗鴉」、「誤作枯藤纏數花」可知並不像欲畫之菊。（石濤＜菊竹石圖·題詩＞）

(C) 由「若有蛟龍在昏黑」（昏黑處好像有蛟龍翻騰，指雲霧聚集）可知其畫作逼眞。（吳鎭＜題董源夏山深遠＞）

(D) 由「驅山走海置眼前」（山海之景如置眼前）、「滿堂空翠如可掃」可知。（李白＜當塗趙炎少府粉圖山水歌＞）

(E) 隱几（憑靠几案）賞畫而可「忽聞山雨來」可知畫作逼眞。（惲壽平＜自題山雨圖＞）

20. **AB**

【語譯】(甲) 詩歌是表現作者眞情實感的，不能違背自己眞實的思想感情作詩，違背了自己眞實的思想感情也寫不出詩來。追求功名之人，寫不出隱居山林、淡泊名利的詩；輕浮的人，寫不出敦厚純正的詩。所以陶淵明多樸實無華之語，李白有脫離塵俗之句，杜甫寫出「安得廣廈千萬間」關懷寒士之心願，蘇軾寫出「四海皆弟昆」這樣胸懷寬廣的話。像是這類，都是作者心志的表露。

　　(乙) 詩文之所以隨時代而改變，有它不得不變的因素。

　　　　一個時代的文章沿襲既久，總不能都講類似的話。

　　　　現在是千百年後，還拿古人的陳辭舊句一一模仿，

　　　　而把它當詩，這樣可以嗎？不像古人之作就失去

　　　　它所以爲詩的根本，像古人之作又失去自我的獨

　　　　特性。李白、杜甫的詩所以突出於唐代詩人的原

　　　　因，因爲他們不曾不像，也不曾相像。了解其中

　　　　的道理，可以和他談論詩了。(此言創作在模仿學

　　　　習與創造間的拿捏、平衡。)

【解析】(C) 兩者相反。

　　　　(D) (甲)談李白的脫離塵俗、杜甫的關懷社會民生；

　　　　　　(乙)談到李、杜的詩高於唐人的原因。

　　　　(E) (甲)言詩爲心聲，

　　　　　　(乙)言接續傳統與創造之關係。

21. ADE

【解析】(B) 「天性厚」是好話，是爲新娘子緩頰。

　　　　(C) 顯示七巧刻薄的性格，不管一旁太太說好話，仍

　　　　　　往壞裡講。

22. CE

【解析】(A) 垂詢：指上級對下級的詢問。

　　　　(B) 二者皆爲純音譯。

　　　　(D) 從意思可判斷非爲天生的／天眞的。(「天兵」或

　　　　　　說爲天上來的，喻搞不清人間情況；「天菜」則是

　　　　　　「看得到吃不到，完美的、理想的對象」。)

23. **BC**

　　【解析】 (A) 表現自己不忌葷腥，好酒肉。

　　　　　　(D) 安撫對方，化解年輕男子的尷尬。

　　　　　　(E) 自貶的語氣，傳達出失去丈夫關愛的幽怨。

第貳部分：非選擇題

一、文章解讀

【範例】

　　當人發揮自己的天賦時，他從事自己熱愛又擅長的工作，不受社會期待或他人眼光的壓抑，找到自己的天命，因而感到自由。而又由於一股不得不然的熱情所驅動，每天都投入於追尋與發揮天賦之中，不僅找到人生的方向，且日日下的功夫踏出一條明確的道路，因而讓自己感到踏實。

二、文章分析

【範例】

（一）李靖由一開始的驚訝（靖驚答拜），到知道紅拂女來意後的驚喜與懼怕──喜的是紅拂女這個十八九佳麗人竟自願委身於他，懼的是楊素的權勢與可能的追捕行動，於是接著好幾天都是疑懼不安。

（二）首先她肯定李靖的才華，她說自己隨著楊素「閱天下之人多矣，未有如公者」，讓李靖有得知音賞識之感，也道出她願意託身李靖的原因。接著她要消除李靖害怕楊素權勢而不敢接納她的疑慮，她說楊素只是苟延殘喘，不值得畏懼，又舉實例說府內有許多歌舞妓知道楊素成不了大事，紛紛逃離，楊素也不怎麼追究，來安撫李靖疑懼之心。

三、引導寫作：

【引導】

　　題目爲「關於經驗的 N 種思考」，於引導中揭示「有、無經驗」、「好、壞經驗」等各種可能，因此除了要舉出這些不同的經驗外，還要有一些突破既有印象、不同角度的思考，例如：有經驗應是好事，但經驗也可能局限了我們的想法；沒經驗應是不好的，但沒經驗也就沒包袱，也許更有利於創新等。要從多重角度切入，又要「結合事例與看法」，夾敘夾議是比較好發揮的寫法。

【範例】

　　俗話說：「不經一事，不長一智。」西諺亦云：「經驗是智慧的源泉。」我們從經驗中學習、成長，「一回生，二回熟」，在經驗中我們漸漸變得熟練；「失敗爲成功之母」，在經驗中，我們記取教訓。

　　常可看到徵人廣告上寫著：「有經驗者佳。」聘雇者喜歡有經驗的人，因爲雇用有經驗者，可以減少訓練的時間、出錯的機會。誠然，有經驗者累積了該行業的知識、技能，但也可能只是重複著相同的步驟，沿用相同的方法，一但遇到新的問題，經驗可能反而成了絆腳石，第一部戶外電梯出現的過程即是如此。

　　在此之前，電梯皆是安裝於室內，必須在樓層中留下電梯道，讓電梯通過。一間生意興隆的舊飯店，老舊狹小的電梯已不敷使用，但要安裝新電梯，建築師與工程師建議須大興土木，在原有的樓地板打洞，如此一來飯店得歇業一陣子，才能進行工程，這個方法令捨不得生意停擺的飯店老闆頭疼不已，一群人在飯店大廳討論著。這時，在旁邊打掃的服務生插嘴道：「能不能

將電梯裝在建築物外呢？」這一提議使得難題有了新的解決方向，不但減少施工困難，又不會影響原有生意，還很新穎吸引人。連服務生都想得出來的法子，怎麼經驗老到的建築師、工程師卻想不出來呢？有經驗固然好，但人也容易為經驗所限，沿襲舊有的思考模式，而將自己困住；反之，沒有經驗的人沒有包袱，有時看似天馬行空、不切實際的想法，卻給受困的人一個突破的切口。

而經驗又有好壞之分嗎？我喜歡動手組模型，一次，我拿到一個新的、頗有難度的模型，零件與結構皆比我之前組的複雜。我耐著性子仔細地看了說明書，思考了一會兒組裝的順序，接著一口氣把它完成，毫無出錯地做出了理想的成果，這次「好經驗」讓我在不久後興致勃勃地挑戰類似的模型。這次我有經驗、有信心，便跳過了說明書，想了想程序，開始動手。中途發現有多餘的零件，只覺得那應該是製作商出錯，重複了相同的組件。花了幾個小時，發現怎麼做出的成品不是應該有的樣子？才發現因為自己的「好經驗」讓我志得意滿地忽視說明書，更忽視了中間「多餘零件」的警訊，最後白費了時間，也做壞了這個模型。有了這次的「壞經驗」，我再也不敢自以為是，跳過應有的步驟，忽視出現的警訊。

讓經驗不成為阻力而是助力，我們需要帶著新奇的眼睛看世界，應用經驗又不被陳規所限；讓好經驗、壞經驗都成為你的良師，則須帶著謙虛、戒慎的心，仔細地觀察每次遇到的情況，如此，經驗便不是停止思考的捷徑，而會是為我們開發出解決問題、看待世界的 N 種可能。

【附錄】

106 年度學科能力測驗
英文考科公佈答案

題號	答案	題號	答案	題號	答案
1	B	21	D	41	B
2	A	22	C	42	A
3	C	23	A	43	D
4	D	24	B	44	C
5	B	25	B	45	A
6	A	26	D	46	C
7	B	27	A	47	B
8	D	28	B	48	D
9	C	29	C	49	B
10	B	30	B	50	D
11	A	31	C	51	A
12	C	32	G	52	C
13	C	33	I	53	C
14	A	34	A	54	B
15	D	35	J	55	D
16	B	36	H	56	A
17	C	37	D		
18	D	38	B		
19	D	39	F		
20	A	40	E		

106年度學科能力測驗
國文、數學考科公佈答案

國　文		數　　學				
題號	答案	題　　號	答案	題　　號		答案
1	D	1	1	C	24	7
2	A	2	3	D	25	–
3	A	3	5		26	5
4	D	4	4	E	27	4
5	C	5	4		28	7
6	C	6	1	F	29	9
7	A	7	2		30	6
8	B	8	1,3		31	4
9	D	9	5		32	1
10	D	10	2,3,4	G	33	4
11	A	11	1,4		34	4
12	B	12	2,5			
13	B	13	3,5			
14	C	A	14	2		
15	B		15	5		
16	ACD		16	4		
17	CD		17	0		
18	BDE		18	2		
19	ACDE		19	1		
20	AB	B	20	2		
21	ADE		21	5		
22	CE		22	2		
23	BC		23	1		

106 年度學科能力測驗
社會考科公佈答案

題號	答案	題號	答案	題號	答案	題號	答案
1	B	21	D	41	B	61	C
2	A	22	C	42	B	62	D
3	C	23	B	43	A	63	D
4	B	24	D	44	A	64	A
5	A	25	D	45	C	65	D
6	A	26	A	46	C	66	A
7	D	27	C	47	A	67	D
8	D	28	B	48	D	68	A
9	C	29	A	49	C	69	D
10	D	30	B	50	D	70	B
11	C	31	C	51	B	71	D
12	B	32	C	52	A	72	C
13	A	33	A	53	D		
14	B	34	D	54	A		
15	B	35	C	55	D		
16	A	36	B	56	C		
17	C	37	C	57	B		
18	A	38	C	58	C		
19	B	39	C	59	C		
20	C	40	A	60	B		

106年度學科能力測驗
自然考科公佈答案

題號	答案	題號	答案	題號	答案	題號	答案
1	C	21	E	41	AC	61	A
2	B	22	D	42	ABC	62	CD
3	A	23	AB	43	DE	63	BCD
4	E	24	ADE	44	B	64	ACD
5	C	25	BC	45	ACD	65	ACD
6	D	26	ACE	46	C	66	D
7	B	27	AC	47	DE	67	BD
8	E	28	BC	48	E	68	AC
9	A	29	ABE	49	ABC		
10	D	30	ABE	50	BC		
11	B	31	AD	51	AD		
12	D	32	CE	52	A		
13	D	33	DE	53	ABC		
14	E	34	AB	54	D		
15	D	35	ABD	55	D		
16	C	36	ABC	56	E		
17	B	37	A	57	C		
18	B	38	E	58	E		
19	A	39	A	59	AC		
20	A	40	CD	60	CE